# 潮流变现

[意] 里卡尔多·波佐利 —著  赵丽华—译

Riccardo Pozzoli

**NON E' UN LAVORO PER VECCHI**

北京时代华文书局

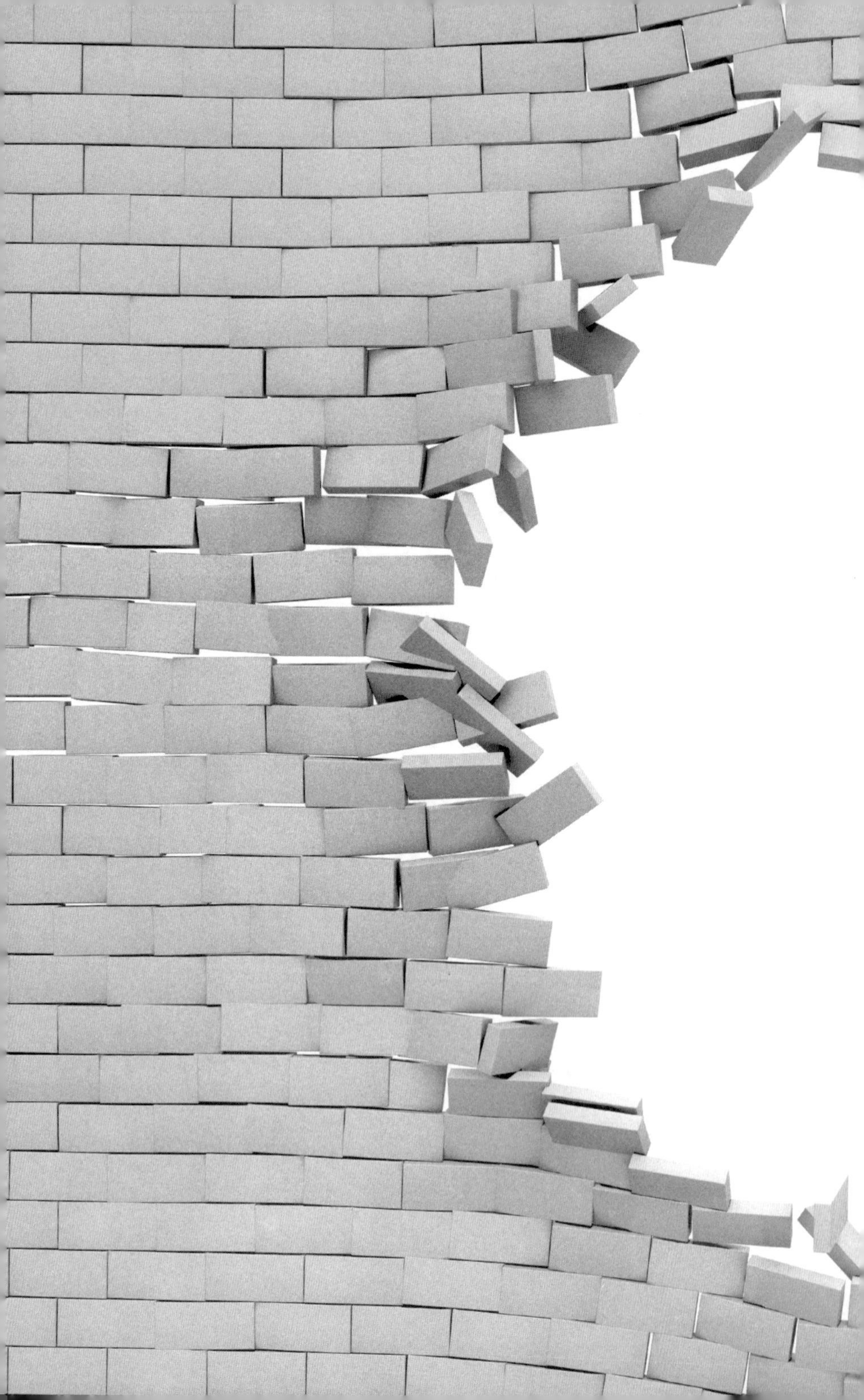

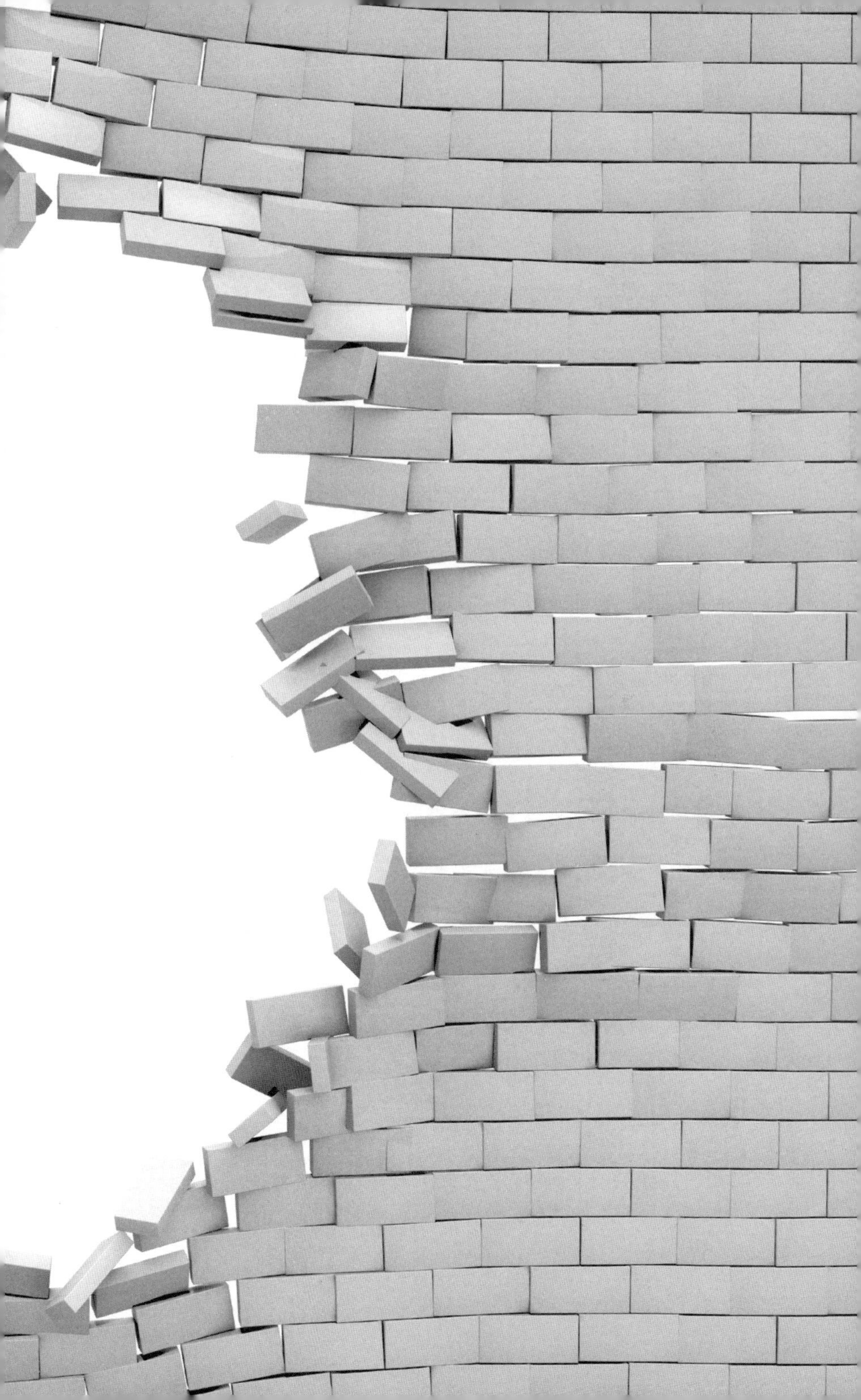

前言

# 如何向他人解释你的工作

"那么,里卡尔多·波佐利(Riccardo Pozzoli),你到底是做什么的?"

每次我听到这类提问时,都倍感尴尬。特别是,我知道在我面前的这个人想听到一个简洁明了且坚定不移的答案,比如说:"我在大学时读经济学,毕业后,到了一家跨国公司做营销。"但我不会这样回答,我在脑海中把可以给出的答案都过了一遍,"顾问""演讲者""连续创业者",然后带着些沮丧,将这些答案一个接一个地淘汰……为了能更好地介绍自己,我还是先给大家讲个故事吧。

那是2009年10月,当时我23岁,正在芝加哥一家处于行业领先地位的公司的营销部实习。这家公司是生产花园、阳台、菜地、室内外植物等灌溉设备的。

  这个实习的机会是我所在的大学推荐给我的,而我本人也十分感兴趣。当时的我,还从未拥有过带院子的房屋,对灌溉设备也几乎一无所知。但是我对自己说:这次实习还是值得一试的,最起码,我会学习到一些新的东西,而且将在一个我从未去过的城市生活几个月。

  刚开始的半个月我都在公司的花园里工作,负责试用新生产出的产品;之后,我回到办公室里,开始分析业内专业博客以及同行公司的网络宣传。那时,在我心里已经逐渐形成了两个意识:第一个是,办公室工作不适合我,因为我难以理解公司规定的所有规章制度,这些条条框框的规定在我看来,它们只会影响工作人员的思想、阻碍行动,即使是那些想一展抱负的员工,也会失去激情;第二个是,博客在当时的美国是一个趋势,它对消费者有很大的影响力。

  当时我正在与一个来自克雷莫纳①的女生——琪亚拉·法拉格尼(Chiara Ferragni)交往。她喜欢每天在一些社交平台

---

① 意大利小镇。

上,如Netlog、Flickr或是Lookbook.nu上发她的各种照片。随着关注她的人数增多,我和琪亚拉都认为,是时候开一个带有她个人风格的时尚博客了。我觉得这是一个商机,但是我们当时根本不知道这条路可以走多远,只是觉得值得一试。之后,我向一个美国人购买了一个域名。在2009年10月12日,随着第一篇帖子发布,我们的博客——The Blonde Salad就此诞生了。

说到这里,我想先简单总结一下之后所发生的难以置信的经历——我见证并参与了 TBS Crew[①]以及Chiara Ferragni Collection[②]的创立。

与此同时我开启了许多其他项目,有些是时尚业的,而有些则完完全全是另一些行业的,比如做餐饮配送(food delivery)服务的Foorban。虽然并非所有项目都发展得很好,但是我从来没有放弃尝试。最重要的是,我从来没有停下前进的脚步。

即使说了这么多,我也没有正面回答提问者的问题,

---

① The Blonde Salad 博客的同名时尚公司。
② Chiara Ferragni 创立的首家同名品牌。

因为我知道，自始至终他们都想往我身上贴上一个明确的标签，把我归到某一个具体的类别中——很多人觉得这是必要的！这种需求可以理解，但重点是：今时今日，这些标签不像之前一般，如此普遍和清晰。当然，这不仅仅适用于像我一样正在创业中的人。众所周知，无论是你有创业的经验，还是作为一名员工，你所做的工作的界限想要与职业生涯的界限相吻合是多么困难的一件事！

但是，我非常希望所有人——无论是准备进入职场的学生，还是工作不稳定的自由职业者，或者是那些刚丢了铁饭碗的人们，以及到了传统上认为不可能再次重塑自己的年纪，为了愿望或需求，却必须脱胎换骨地改变的人——不要只看到劣势，而是要试图考虑这种变化背后的机遇。如今展现在我们面前的这条路，不知会将我们带去哪里。尽管它现在看起来连一条弯弯折折的小路都不算，但是我们有机会将它变成洒满阳光的高速路。

当然，我也并不想隐瞒困难及所需要付出的艰辛，也不想低估失败的高风险，因为我先前已经体会过这一切了。然而硬币的另一面则是：可以充满激情地工作，创建一份更加充实稳固的事业。这是大胆尝试的一刻!

对于一个像我一样想要自主创业的人来说,当下相对乐观的情况是,筹集资金更加容易——至少金融危机还是给我们带来了一个积极因素。当然,并不是一定要创造一个全新公司,我们也可以利用所有可用的新工具,将已存在的公司从其内部开始创新。

邻居、家人、高中老师,所有那些从小就关心我们的人,他们希望我们的未来能得到保障,但是他们也必须明白:我们这一代人一生中可能会有几段重要的感情,一生中可能会从事不同专业领域的工作,这都是很自然的事。这样做并不意味着我们不信守承诺,只是我们所处的现实环境比起从前更加不稳定而已。又或许,是我们变得不太容易满足,除了工作,我们也希望能够自我实现。

就在标签结束的地方展开一个新的世界吧。而我也相信,那也是幸福的开始。

## The Blonde Salad创业过程简述

√ 2009年10月12日，第一条帖子的发布也就标志了The Blonde Salad博客的诞生。之后，我们发布的每条帖子都是围绕着琪亚拉·法拉格尼的个人兴趣展开：首先是时尚，而后是摄影、旅行以及她的生活方式。为了让用户习惯性地浏览博客，我们每天都在同一时间发帖子，即上午9点。仅仅1个月的时间，The Blonde Salad的日访问量就高达3万次。

√ 2010年2月，仅在博客诞生的3个月后，琪亚拉·法拉格尼第一次被米兰时装周邀请。在当时，时尚博主能够出席时装周绝对是个新闻事件，而这一点也吸引了媒体以及很多大品牌的关注，其中贝纳通（Benetton）邀请她担任该品牌一个线上宣传活动比赛的评委，而菲亚特汽车公司（Fabbrica Italiana Automobili Torino）则赞助琪亚拉和我开着菲亚特敞篷500环游整个欧洲。与此同时，作为最重要的时尚零售电商之一的Yoox，是最早在The Blonde Salad博客上购买广告横幅的公司之一。

√ 2011年3月,我和琪亚拉共同创立了TBS Crew,那时博客每日的访问量达到了7万次,而在博客上也加入了许多奢侈品品牌。我们开始筹划线上销售,想尽办法增加销售量。与此同时,我们不断寻找更多的合作伙伴。在合作伙伴的选择上,我和琪亚拉十分谨慎,也很用心,因为我们不想自己辛苦创立的博客变成一个简单的购买橱窗。我们希望能给浏览者提供符合琪亚拉形象的东西,并与众多品牌保持长久稳定的关系,尤其是那些奢侈品牌。

√ 2013年3月,琪亚拉已是国际知名人士。她不断出现在世界各地的时尚杂志封面上,并继续与世界上举足轻重的品牌合作,她还为它们设计了胶囊系列(capsule collections)。与此同时,我和琪亚拉、投资人保罗·巴莱塔(Paolo Barletta)以及销售经理洛伦佐·巴林德利(Lorenzo Barindelli)创建了一家新的公司——Chiara Ferragni Collection,主营生产并销售鞋子。我们生产的胶囊系列的鞋子不仅在线上销售,还在25个国家的200家商店里售卖。

√ 2014年上半年，The Blonde Salad网站完成了重组，成为一个名副其实的生活杂志博客，并与最好的摄影师以及视频制作者进行合作。

√ 2016年9月，The Blonde Salad再次进行改版，为了使内容更加丰富，我们增加了新的电商服务——出售国际品牌独家创作的限量版商品。这一新的改变受到了用户的热情回应，在短短几小时内，系统就显示所有推荐的产品都已售罄。

√ 2017年7月，我们在米兰开了第一家Chiara Ferragni Collection品牌的旗舰店。如今该品牌还出了配饰和服装。同年9月琪亚拉在Instagram（照片墙）上的粉丝已经超过了1 100万，琪亚拉被《福布斯》杂志评选为全球最有影响力的时尚人士之一。

# 目 录

## 第一章　跳出框架

第一节　职场中的阻碍、思维定式和机遇 / 3

第二节　需要勇气和敢想的自信 / 14

## 第二章　创业！开始再开始

第一节　什么是创业 / 27

第二节　启程、再次启程都需要些什么 / 30

第三节　找到资金 / 34

第四节　典型的意大利企业精神 / 44

洛伦佐·吉多蒂（Lorenzo Guidotti） / 45

## 第三章 拥有愿景而非先见

第一节 如何获得一个想法，并把它变成一个企业 / 51

第二节 描绘愿景并把它具体化 / 55

第三节 创造性与敏感性的结合 / 62

西蒙·贝克曼（Simon Beckerman） / 66

## 第四章 办公室的折叠床是从0到1的必备品

第一节 在初创阶段应该如何操作 / 75

第二节 计划和变化的重要性 / 78

第三节 私人生活和工作的重叠 / 83

马西米利亚诺·贝内德蒂（Massimiliano Benedetti） / 91

## 第五章　结伴同行走得远还走得快

第一节　论企业中人的重要性 / 97

第二节　与朋友一起工作 / 100

第三节　领导模式与自我管理 / 107

第四节　人力管理 / 110

马泰奥·萨尔扎纳（Matteo Sarzana） / 117

## 第六章　意大利人更擅长于此？

第一节　进入全球市场 / 123

第二节　了解自身的独特性 / 129

第三节　意大利商人的品质 / 132

第四节　社交媒体在全球市场中的重要性 / 134

伊曼纽拉·普兰德利（Emanuela Prandelli） / 139

## 第七章　企业的自我定位与创新

第一节　学会说不 / 145

第二节　时尚行业的品牌战略 / 149

第三节　打造独特性并肯定变化 / 155

卢西亚诺·贝尔纳迪尼·德·佩斯（Luciano Bernardini de Pace） / 165

## 第八章　现在你做到了吗

第一节　成功和不成功 / 171

第二节　初创公司正在改变世界 / 181

第三节　在哈佛商学院的经历 / 190

皮埃尔·伊夫斯·韦克斯汀（Pierre Yves Wecxsteen） / 195

## 第九章 从零到无穷

第一节 在成功或不成功后 / 199
第二节 从零重新开始 / 203

**致 谢** / 204

# 第一章

## 跳出框架

## 第一节
## 职场中的阻碍、思维定式和机遇

**大危机的存在**

生活在史上最严重的经济危机之一后的10年中，真是太倒霉了，是吧？我们就是习惯于这样的思维方式。

毫无疑问，在最近几年，很多东西都改变了，而我们的职场也经历了翻天覆地的转变：刚刚完成学业的毕业生们知道，他们所要从事的职业从一开始就无法被预见与概述，而在以前，这些事本来应该是确定的。与那时相比，现在没有人觉得一个人一辈子必须只做一份工作，因为固定的工作几乎是不存在的。不管是为别人打工还是为自己打工，每个人在自己的职业生涯中，可以很轻松地改变角色、行业、工作类型。所有这些不确定性都令人惶恐,当计划赶不上变化时,一时间就很难找准自己的定位。

沉浸于消极情绪中是毫无益处的,它也不会改变这个与30年前情况完全不同的工作现况。所以,我们应该摆脱悲观主义,要知道标签时代以及老行当时代的结束,可能也代表着最大限度的自由和释放。人们不再习惯性地将自己置于预设的计划中,实际上,这就意味着你可以自由地探索,开拓出一个更有价值的职业道路。不断变化的工作环境让我们不得不放弃所谓的"安稳",而交换回来的则是更多更重要的东西,比如自由、快乐,以及对所做之事的热情。

我们必须要记住,近年来我们所遭遇的一系列不如意的背后,许多机遇也向我们打开了大门。因为不断变革的时代创造了无数个新的、潜力无限的商机,所以每个人都可以通过信息技术,创造出新的工作。人们可以颠覆性地重新思考完全不同于传统行业的活动,也可以转向更加广阔的市场,而这市场的边界可能会与世界的边界重合吧!

### 脱离信仰、姿态和立场

即使我是一个乐观主义者，我也不想掉入到过度想象的错误中，然后将当前的职场描绘成一个神话般的埃尔多拉多城①。因为这样，这本书将变成一本具有误导性的读物，而这是我最不愿意看见的结果。我确实相信机会到处存在，但这些机会是给那些不惧改变、勇于和过去告别的人。他们会努力工作、拼搏奋斗，并有能力抓住机遇。

能做到这点的人，首先必须具有跳到局外思考的思维能力（Think outside the box），并习惯从不同的角度观察问题。这是大家都可以发展和提升的一项能力，但是在一个特定的行业内，人们往往会更加倾向于站在某"一边"的立场去思考问题。换句话来说就是：当局者，更容易被个人之前的经历所制约，因此更加难以做到创新。比如一个家族企业，几年来或几十年来都按照一定规则运营，那么这个家族的现任领导者就很难拥有改变或改进事物的直觉。不可否认的是，这些当局者的教育背景、接受过的职业培训，都会使他们产

---

① 传说中是一座黄金城。

生一系列的偏见，而这些偏见就是开放思想的死敌。

我经常与我的朋友斯特凡诺·卡瓦列里（Stefano Cavaleri）和马尔科·莫托莱塞（Marco Mottolese）讨论这些问题。我和他们在2016年初，建立了Foorban公司。这家公司创立时的主营业务是为人们提供送午餐服务，根据我们的计划，目标地是欧洲的各大城市。虽然目前只在米兰进行营业，但是随着公司发展得越来越好，提供的服务的质量与独特性（这个概念，我之后还会具体谈到）越来越高，我们相信这一目标很快就会实现。Foorban的特点就是根据上班人士午餐休息时的需要，快速地向他们提供由我们专属厨房准备的健康佳肴，而不是像在该领域的其他送餐公司一样，配送来自不同餐厅的食物。事实上，Foorban是一个餐位遍布整个城市，而非仅限在一家实体店面的餐厅！

我和我的合伙人们曾经在一起讨论过，其他的普通餐厅的老板们会有像我们这种经营方式的想法吗？至今，我们给出的答案还是：不会。因为当人们身处某个行业中，他就很难跳出传统的方式，以不同的角度去看整个市场。而斯特凡诺、马尔科和我,只有马尔科在餐饮行业有过经验。大学毕业后,他在给大型活动提供承办酒席服务的公司工作过,之后还在米兰开了一家餐厅。所以,我们三个人可以跳出普通餐厅的营业模式,在老的基础上创造出一些新的东西。

当然,长期从事某项工作并不意味着人们只能停留在他们自己或是他们家族一直从事的行业内,且绝无可能从这个固有思维中跳脱出来。事实上,有些人并没有被自己的经历,甚至是家庭经历所阻碍。相反,他们将这些经历当作出发点,试着去改变现状,去探索这个世界为他们提供的各种可能性。

Foorban的其中一个供应商——安德烈亚·帕萨尼西(Andrea Passanisi),是Sicilia Avocado公司的创始人。他就是一个很好的例子。安德烈亚从巴西旅游回来后产生了一个想法,他想在埃特纳火山的山坡上种植热带水果。安德烈亚的祖父是一名农业企业家,从小安德烈亚就跟在祖父身边看他种植各种农作物,长大后他决定追随祖父的脚步。与祖父不同的是,安德烈亚想在一直种植柠檬的土地上改种牛油果。这个想法后来被证实是十分明智的。因为埃特纳火山地区属小气候，种植牛油果可以产出卖相优质的产品。如今，他的产品出口到整个欧洲，不仅在线下进行销售，也通过电商进行线上销售，受到了许多顾客的青睐。

这样的例子还有很多，即使是十分传统的行业，通过创新和改革，也能发掘出新的商机。我们可以在现有的条件和基础上，赋予一件事物另一个完全不同的形态，让它走得更加长远。

我的大学校友（也是我的朋友）法比奥·迪·乔亚（Fabio Di Gioia）就做到了这一点。他在金融领域工作若干年后，与另一个合伙人共同创造了一家名为Foodscovery的公司。这是一家平台型公司，通过它，美食爱好者能够与农产品生产者联系。人们在平台上可以预订契安尼娜鞑靼牛肉、坎帕尼亚的莫札瑞拉水牛奶酪、普利亚塔娜莉饼干圈以及其他所有意大利农产品美食，预订完成后这些美食会很快运送到客户手中，以保证客户得到新鲜的食物。Foodscovery团队的首要工作就是：发掘当地特色产品，拍照在网站上展示，并对它们合理定价。因此，他们必须利用

SMS[①]技术，设计出一个很简洁的系统，让不太会使用智能手机以及电脑的农产品生产者们都能够快速地接收订单，并且保证快递公司能够在尽可能短的时间内将订单产品送至终端客户手中。法比奥和他的合伙人最终与几个主要的快递公司达成了协议，让西西里的卡诺里卷以及普利亚的帕斯提巧托甜品，可在48小时内送达欧洲的每个客户手中。Foodscovery的平台与同行其他公司的不同之处在于，在他们的平台上，不仅可以购买瓶装或是真空包装的当地特产，还可以购买易腐烂的食品或是要求保鲜的食品，比如，那不勒斯复活节甜饼。

充分利用互联网科技和传统农产品生产者的技术，并将其提供给更广泛的客户群体和市场，只是一个创新的方式，其实还有很多途径可以去尝试。最重要的是，我们要有一个开放的思维来"慧眼识珠"，有一颗好奇心来深入了解它们是否可行。

Foorban的这个例子，就很好地说明了：通过新的技

---

① 短信服务，它是一种存储和转发服务。

术，即使是一个非常传统的餐饮行业，也都可以以完全不同的方式诠释出来。因为新技术，可以让我们以更好的方式来满足客户的需求。这一点适用于很多领域，例如，运动，或者与旅游相关的一切（相关行业的创新实在少之又少）。还有一个待开发的就是设计行业。因为在该领域营业的一些公司，甚至都还不会利用社交媒体渠道与潜在客户沟通，所以可操作的空间真的很大。

  我认为无论什么情况，无论在哪个行业，最重要的是，要意识到这样一个事实，即，这就是当下的趋势和现实。蒙上双眼、假装没有看到变化，甚至是抗拒它，这是一种非常具有风险的行为。这种行为让我不禁想起我所在的意大利的出版行业，它在面对数字时代到来时，患上了"新"恐惧症。对新鲜事物和变化的恐惧，阻止了出版公司通过自身有利位置去垄断数字行业的想法。最终的结果已经影响了很多公司，在最初的不作为后，他们发现自己不得不追逐变化，而如果一开始他们就采取进取的战略，或许这一切根本不会发生。

**要敢于往大格局想**

如今经商,并不意味着要有多么"新奇古怪",也并不是说一定就得做应用程序或是网站。即使在一个像我们这样的数字化时代里,也可以在技术领域外开创新的项目。

说到这,就得说说我的三位意大利朋友:弗朗西斯科·布拉切蒂(Francesco Brachetti)、阿尔伯托·格拉米尼(Alberto Gramigni)和亚历山德罗·比吉(Alessandro Biggi)。他们这几年都在美国生活,并合伙开了世界上第一家以牛油果作为主题的餐厅。餐厅开在布鲁克林,名字叫Avocaderia(意为:牛油果吧)。这个创意十分受欢迎,甚至在开张前,就有媒体对餐厅进行报道。该餐厅每周都会迎来数以万计的顾客,因此团队有意开设更多的店面,首选是在曼哈顿,之后在加利福尼亚州。在他们这个实例中,与其他同行不同之处不仅有创意新颖,还有结合了当前饮食的趋势,做出了高质量的食物。更重要的是,他们十分有魄力,敢于往大格局想,并没有把它想成一个简单的餐馆,而是想成一个可以转化成连锁餐厅的牛油果吧,一个真正的企业。

产品好并受到很多客人的喜爱的这一事实，使他们正一步步去实现梦想。

瞧，敢于往大格局想是在职场上获得成功的关键特征，而马克斯·乔乔拉（Max Ciociola）就具有这一特征。马克斯·乔乔拉是Musixmatch公司的创始人，该公司是意大利最成功的创业公司之一，就连Facebook（脸书）的马克·艾略特·扎克伯格（Mark Elliot Zuckerberg）都在自己的演讲中提及过它，将它作为一个成功案例给人们启发。人们可以通过网站，或是智能手机的应用程序进入Musixmatch。它是目前世界上最大的线上歌词目录，拥有超过7千万的用户。Musixmatch的诞生是因为马克斯本身就有这么一个具体的需求。马克斯·乔乔拉不仅是一名工程师，他还是一位充满激情的音乐家，他一直希望能够拥有之前听过或者弹奏过的歌曲的歌词。马克斯觉得自己可能并非是唯一一个有这份需求的人，于是他想到可以设计一个应用程序，让人们在设备（比如手机）上播放音乐时，查看正在收听歌曲的歌词。

这是一个极其简单的想法，但是它的诞生却让全世界数千万音乐爱好者的生活变得更加有趣和美好。马克斯与之前许多创业者不同，他很睿智也很知道取舍，他明白如果不向唱片公司支付版权费用就不可能制作出这样的应用程序。因为所有优质应用程序的价值，就像这些歌曲的价值一样，都需得到认可和支付的，为此他筹集了足够的资金来支付版权和各种营销费用。Musixmatch一上架就获得了百万用户的青睐，开发成本自然都回来了。要知道我们前面提到的百万是一个很大的数字，但是马克斯从一开始就很肯定能够吸引如此众多的用户，为此他也早安排了广告植入这方面的工作。有了大量的初始投资和广阔的市场前景，就不需要太多的后期投入，因为这台商业机器已经开始自我运转了。

马克斯的故事教会了我们做事不仅需要勇气，或许还要有敢想的自信。如果他当时决定悄悄地开始，没有跟唱片公司达成协议，虽然这样可以省下很多资金，但是很可能在3个月后就会被迫关闭，而他的想法，不管多么"可行"，最终都会葬送于此。

## 第二节
## 需要勇气和敢想的自信

### 韧性、耐心和激情

远见和激情自然需要落到实处,但是刚刚开始时,谨慎行事也是很重要的。因此,想要激发出一个好成绩,最好能设定一个不太近且不太简单的目标。当从零开始建设一个新事物时,必须要十分有耐心,不要被一开始的困难打倒,因为事情未必按照我们预想的进程发展,很有可能在一开始的半年间没有什么起色,然而,突然间就爆发了。一说到耐心,另一个十分重要的品格就不得不提:韧性,即坚持不懈的能力。如果一个人有想法、有计划、有梦想,但是缺乏足够的决心,无法坚持不懈地去追求,那么只剩空想也是无用的。

与过去不同，我们这个时代相对美好的事是：一个人出生的地方或是原生家庭的环境对他的成长并不是那么具有决定性作用。因为阅读、资讯、旅行，与不同世界交流，不再是某些社会环境或阶层的天赋属性。

这让我想起了莫斯奇诺（Moschino）品牌的创意总监杰瑞米·斯科特（Jeremy Scott）。他是当下最著名、最受欢迎的设计师之一，也是我们这个时代的流行偶像。然而这与人们评价他的作品别具一格，让人耳目一新无关。斯科特出生并成长在美国密苏里州一个小镇的中产阶级家庭中，与时尚毫不相关。他向我们很好地展示了一个事实，那就是——如果一个人有梦想、有激情、坚信某些东西、努力工作，那么就一定能达成心愿。

当然，我们必须先具有愿望和好奇心，不断激励自己，并保持思想开放，因为这些因素不仅仅是在最初阶段，而且是在整个构思和实现阶段都是必不可少的。

在2015年底，我去博洛尼亚参观Musixmatch的办公楼。当时我耳贴着手机走在城市中，手机的另一端是马尔科和斯特凡诺，我们正在为刚刚开始运营的提供送午餐上门服务的公司起名字。这是一场真正的头脑风暴，每个人都发表了自己的想法，并希望能在某个点灵光一闪跳出一个好点子。起初我们想到的名字是Foodbowl，因为当时十分流行bowls——碗。用装沙拉的碗，盛满各类蔬菜、谷物以及蛋白质，再加以酱汁、各种小种子调味（如今已经传到了美国，且正从那儿传向全世界）为别人送餐。但是很快我们就意识到这个名字会让人联想到"football"（足球）这个词，进而产生误导。它会让人们想起足球，而非是我们的碗。所以我们重新理了一遍思路，回想我们经营发展的基本理念，我们想到做配送一方面是食物，另一方面是城市，我们打算从极具活力的城市环境下手，将"food"（食物）和"urban"（城市）这两个词融合一起，就此，我们创业公司就有了自己的名字：Foorban。

看到这里，可能有读者会问，你去博洛尼亚参观Musixmatch与在那取好公司名字又有什么关系呢？嗯，我的回答是，我相信是它启发了我。当然，不是以直接的方式，但是启发几乎从来都不是直接的……这是我们在高中学到的东西。例如，通过学习其他语种，形成了我多样化的思维方式和分析事物的方法。同样，我相信在那天，我去拜访了马克斯如此优秀出色的人，参观了他的公司，这启发并激励了我，这所有的一切为我们想出企业名称提供了正确的打开方式。

显然，事情并非总是这样发展，也就是说，并不是所有出现在脑海里的想法都是正确可行的。像这样的头脑风暴，我和我们合伙人在Foorban的构想阶段经常会有，并且大部分都是在米兰马尔科开的餐厅Tom中进行的。那时我们每一天都在做计划，而在餐厅歇业时间，厨师就将我们当作"小白鼠"，让我们品尝他们将要放入菜单中的新菜。厨师们的尝试并非每次都能成功，就好像我们所有想法并非每个都可行一样。但重要的是，去尝试而非放弃。无论是烹饪还是商业计划，都是如此！

**学习不是把桶装满，而是点上一根蜡烛**

说到学习其他语种如何影响我的思维方式这一点，我想说，我十分庆幸能够在我的母校布斯托·阿西齐奥（Busto

Arsizio）学习。这是一所人才济济的公立科学高中，这所学校给学习语言和文学（意大利的、英国的、法国的）的学生很大的空间，我们经常展开实践活动，有时还会牺牲学习所谓的"主学科"的时间。我是学习拉丁语的大力倡导者，我不赞同那些仅因为拉丁语不是我们国家的官方语言，就认为学习拉丁语是浪费时间的观点。确实，拉丁语未必每天都用得到，但是它所涵盖的思想是很广泛且深刻的。拉丁语可培养我们思维方式的多样性，这在生活中比许多操作手册更加有用。显然，在职场中，理论和实践之间的沟壑迟早都要被填平。因为在意大利，读过高中的人基本都会说拉丁语，但他们却不一定会开发票。然而，我确信，时间总会让你学习到实用的东西，而对于形成有效的思维方式，学习更为重要。

回想过往的经历，实践告诉我：学习让一切都变得有可能。我的一些朋友在高中时期表现得很糟糕，但是他们在其他方面非常刻苦和努力，因此刚刚毕业就"一路开挂"，事业有成；还有些朋友他们接受了正规的教育和培训，以满分的成绩从金融专业毕业，他们曾在商业银行里工作长达30

年，工作期间走遍了欧洲与世界其他地方，之后回到了意大利成为企业家。

说到底，做生意最重要的是具有强烈的做事愿望，而这一点是无法教的。但是，有一些课程是可以教大家如何创建一家公司。

我十分感激我所接受过的教育，我本科是学金融的，之后又获得了市场营销的硕士学位。这两个专业从某种程度上来看是相互对立的学科，但这点反而让我受益匪浅。金融学是科学、数学的方法论，所以教的是一种分析方法；然而，市场营销讲究的是一种直觉，一种不需要一定与数值分析挂钩的敏感性。

金融学还教我如何评估一家公司的资产状况，如今用到实践中，我觉得十分受用。因为当我去寻找投资者为我们的项目提供资金时，我就可以通过学习到的这些明确的机制先评估一下自己的公司，这有助于我更好地介绍它。当然，如果我不是通过专业学习这个，迟早也会通过其他途径学会它。学习并掌握这些知识，虽然没有改变我的生活，但是确实给了我许多帮助。

我的另一个专业——市场营销教会了我如何以该行业的思考方式去考量。事实也是如此，我的每一次思考都基于传统"Marketing Mix"（营销组合）的几个变量，即所谓的"4P"：Product（产品）、Price（价格）、Place（渠道）、Promotion（促销或者宣传）。这几个变量十分实用，在The Blonde Salad博客的最初阶段，当我试图将正在学习的东西应用到博客上时，我就开始基于这几个因素去建设琪亚拉的形象。

这也就是为什么我一直认为学习市场营销是十分有趣的原因。当然，我这里指的是纯粹的营销学，而不是那些只是关注宣传的营销课程。其实"营销"这个词通常会与促销混淆在一起，但是为市场而准备某些东西，就意味着要从所有决策杠杆方面采取行动：产品、价格、渠道和促销。当一个全新的项目启动时，知道如何让它符合市场的需求是一件十分有趣的事。

同样，每个企业家的风格也是一个决定因素。我是营销专业出身，所以我倾向于考虑创意方面的内容而非是财务这块。这本身对企业无所谓好或坏，如果我的思维方式有所不同,比如更倾向于财务,或许我就不会需要一个财务总监,而是需要一个极具创意的营销总监了。

显然,在公司的初始阶段,管理者具有一些基本的营销知识,能够让公司在客户方面运作良好,这比在资金方面运作良好更为重要。因为在一开始,你的创意以及你想如何将创意转化为利益,只有你自己知道。相比之下,找到一个帮你打理公司财务之人更为容易。而后,随着时间推移以及公司的成长,拥有强大的财务技能就变得尤其重要。

一般来说,如今想要创业的人,对于行业的研究是有限的。我一开始涉足时尚界,之后又对餐饮感兴趣,也许将来我又会在完全不同的领域发展。今时今日,这样的现象并不罕见,这也是为什么我认为仅仅只准备在一个领域纵向深度研究,反而可能效率低下。如果一个人想在设计领域创业,没有必要在一开始就学习所有有关设计方面的必备知识,因为有可能一开始的创意本身不可行,这就需要改变路线了。最好是具有一个不那么专业的综合基础,但是它可以在开创阶段更好地管理公司,或者说对公司的管理更加全面。

我们还需知晓,一般情况下,在本科学习管理或市场营销专业时，研究的企业案例大多都是涉及跨国公司。所以，如果是从零开始创业，那么实际情况与理论就大大不同了，而我们需要的是在实践中学习。这就得像生活其他方面一样，从错误中学习！

很多企业家并没有接受过任何大学教育，但是在创业上却十分成功，当今社会里这样的情况屡见不鲜。这是因为，成为一名企业家需要内心具有一种东西。当然，学习知识自是十分有用，但工作经验或者人生阅历也是一样重要，比如旅行或如何与人相处等。而真正需要具备的，是一种思想机制，它能够识别市场需求、了解问题、面对问题并找到解决问题的最佳方案，最终有所建树。它适用于任何时期、任何行业。一个聪明能干的人会知晓如何从每段学习生涯中，以及每段生活经验中吸取精华、去除糟粕。所以说，每一门课程的学习或多或少都有用，但是，企业家的思想和思维却是很难传授的。

然而，我相信即使具备了所有这些个人特性——跳脱到局外思考所需的开发思想、好奇心、果敢、耐心、坚持不懈，以及所有那些可以通过学习和经验获取的一切知识——

但要是少了最重要的，即对所做之事的热情，最终也将是徒劳无功。因为当你开始一个项目时，通常都是独自一人或是几个人支撑着，不仅工作量大，而且困难重重，需要做出许多牺牲，也许收入微薄或是根本就没有。但是如果你热衷于所做之事，那么工作对你而言就是一件美好的事。它不是约束强制，而是你每天早起的动力。

# 第二章

# 创业！开始再开始

## 第一节
## 什么是创业

**不要抨击初创业者**

我知道：大部分人一听说创业，就焦虑到肌肉僵硬。尤其是在意大利，有这样的反应，那是因为这个话题已经成为一种过于简单、荒诞的修辞，在人们思想中生根发芽了。创业给人的印象就像是一群孩子因为有一个很好的想法，在短短几个月就变成百万富翁，或是在TED[①]上演讲过的年轻权威大师，或是关在车库里的极客们（geeks）[②]运用精心设计的深奥算法研发出了新的应用程序

---

[①] 美国一家私有非营利机构。
[②] 在互联网时代创造全新商业模式、尖端技术与时尚潮流的人。

一样。

　　事实上，现实中如此被滥用的一个术语，只是简单地指新公司在初始阶段，组织和结构上的状态体现。除此之外，初创公司这个术语经常与应用程序设计或是与启动任何一个与网络相关的商业项目相混淆。在原始定义中，"startup"这个概念指的是一种十分精确的公司类型，这类公司的数字信息化的特征十分明显，且能够向客户提供绝对超前的解决方案。随着时间的推移，这个定义变得更加具有弹性，包括在不同领域运营的新成立的公司。所以，初创公司是一个相当广泛的概念，在一个公司集团内部启动的一项新项目也可称之为"startup"，也可以是家"spin-off"（衍生公司），即从母公司独立出来，以发展副业。

　　这些新生公司通常可以有一个或多个创始人，以及一个或多个投资者。这是借鉴美国的初创公司的模型，对于像意大利这样的国家来说极具创新性。因为该情况下创建公司无须积累初始资本。创始人有一个创意，就开始制订商业计划并寻找资金建立他的公司。比起需要拥有初始资金或只有富裕家庭（也可以理解为典型的富二代）才能成立一家公司的传统思维模式,这种模式更加适合一般人。

## 千分之一的成功率

同时,这种方式意味着创业无论是在开始启动,还是之后的生存,都绝非易事。走出初创阶段所需要的时间一般为18至36个月,即使是一家很有实力的公司,在面对如此艰难的社会和市场现状的情况下,也有可能,甚至是十有八九都会失败。一旦启动,那么就得像羚羊一般,为了自保而选择不断地奔跑。不可以出错半分,因为竞争十分激烈。

据统计,在意大利,五分之一的创业公司坚持不了3年。导致这样一个结果的原因有很多:有的初创公司只是简单地竞争不过其他老牌企业;有的则是因为缺乏可持续发展的商业模式;有的是因为产品不适合市场而关门倒闭;还有的是因为资金链断裂或者是因为法律事务问题等。我知道这样的情况看似十分消极,甚至令人沮丧,但是说实话,我觉得这是件好事!

## 第二节
## 启程、再次启程都需要些什么

让我觉得遗憾的是，在意大利，人们通常很难以客观的方式看待问题。因为这已是我们企业文化中的一部分，人们都想一夜暴富，巴不得今天开始创业，明天就成为百万富翁。可是现在却不会这样，多数企业潜力很大，但是市场却是险象环生、海浪滔天。所以，谁要是选择在这样一个背景下开始创业，那就得撸起袖子、如履薄冰地前行，时刻警惕失败和高风险，要知道实现目标所需的时间可能比预期的时间还更长。

不管怎样，那些有创意但是缺乏资本的人，至少可以试着通过寻找投资来实现自己的创意。

必须要说的是，在意大利，这种创业模式作为商业的一种方式还未被大家所熟知，人们缺少对它的了解。这正是因为，比起美国或是其他欧洲国家（比如英国或法国），意大利都相对落后了。在一个像意大利这样的经济结构中，创业的比重显得不够有分量。虽然意大利现在正迎头追赶，这也是个好兆头。但是要知晓，传统意大利的投资者和储蓄者是最为保守的，他们承担风险的能力很低。这个无可否认的事实，其实也有积极的一面——那就是它使得意大利的金融体系从不垮塌。只是不可避免，这一切与初创公司方式相悖，这就更加需要投资者具有承担风险的意愿，毕竟"venture capitalist"（风险投资者）的"ventrure"就是直接指明了"风险"，而且风险性很高。如果将来我需要建立一个小型的投资基金，那么我可能承受的风险性是：如果投资10家初创公司，其中1家发展得很好，3家发展平平，然后剩下6家失败。

需要注意的是，通常还有另一个思想障碍，那就是意大利企业家对于"愿景"的格局。不仅仅是投资者，就连企业家们都很难往大的方面想，因为我们在做企业方面都过于谦虚了。意大利的大型企业大多是创建于50年前，这种现象绝非偶然。我们是一个以中小企业为主的国家，就连创业这件事，人们也是抱着建立小型和中型企业的想法开始的，所以我们获取的投资也是小份的。而相反地，当你看得更高一些，那些十分绝佳的机会才会显现。

有时谦虚的心态往往适得其反，因为创业不仅仅是要具有可行性和可操作性，也需要从财务角度去关注它。当然，要优先考虑的是做好工作，让客户感兴趣。与此同时，也要保持对投资者的最大吸引力。在我看来，为了能够有此结果，创业者必须要敢想，要准确地向投资者提出你的构想，千万不要因为胆怯而不敢把企业格局往大规模上想。

## 龙卡德[①]的天空

该说的都已经讲明了，但是我还想补充一点：在这段具有历史性的时期，在我们国家要找到资金也并非如此困难，因为现在算是第二次世界大战后最有流动资金的时刻了。

---

① 意大利威尼托大区的小镇。意大利主要创业孵化器之一的H-Farm总部就在这个小镇。

2007—2008年的经济危机引起了对传统投资的巨大恐惧,储蓄者卖掉了债券和股票,停止了资本运作,手上有了流动资金,他们必须以有别于投资金融市场的另一种方式进行资金管理。

## 第三节
## 找到资金

不仅银行有流动资金,投资基金会、企业家以及所谓的"天使投资者",凡拥有可投资源的人,都有资金在手上。他们都是不知道如何利用手里这些流动资金的主体,因为股票投资太过随机,所以对他们来说,以购买债券和股份的方式投资初创公司变得越来越有吸引力了。这也就是为什么一些风险投资基金、小型基金或是小企业家投资集团……无数的机构拥有资金并且也准备进行投资,他们甚至也投给年轻人,因为年轻人更加有冒险精神。

通常,初创公司都要经历不同的融资阶段。一般情况下,是从"种子资本"(seed capitals)开始。"种子资本"是启动一个新业务项目的初期融资,通常都是由数量不等的天使投资人完成。在创建Foorban时,我和我的合伙人就是通过这个方式获得资金的。在种子资金融资的第一阶段,我们的投资人分投给了我们不等数额的资金,最后总投资额达到50万欧元(约人民币392万元)。之后我们又展开了第二轮的种子资金融资活动,总额为60万欧元(约人民币470万元)。

过了这个阶段,就来到了更实质性的投资阶段,目光不再投向不同的天使投资者,而是转向风险投资者。

有时,初创公司会经历一个孵化过程。

孵化器的诞生就是为了服务和培育一些尚未正式开展业务或处于早期阶段的初创公司。这些孵化器确实是在手把手地指导着,它们提供技能、时间、人脉、办公场地以及经济资源等帮助,所换取的是公司的股份。孵化器所具备的资源使他们在项目创建和发展的过程中,成为积极有效的成员。也就是说,他们帮助初创者面对"从0到1"这一阶段,而不是简单的资金投入。他们还投入了自身的人际关系以及技术知识,就是为了能够将一个想法变成现实。为此,他们从财政、法律、组织、营销和战略等多个方面,给予帮助。当他们认为时机成熟时，就陪着创业者去找本国的或是其他国家的风险投资者。

在意大利主要孵化器之一的H-Farm的帮助下，我的朋友西蒙·贝克曼（Simon Beckerman，米兰人，父亲是英国人）创建了Depop——一个社交购物应用程序。这个程序可让每一个人通过手机进行购买和销售。它成立于2010年，如今已成为意大利移动市场上最负有盛名的公司之一。拥有600多万用户，在伦敦、纽约和米兰都有办公室，共有80位员工。Depop这个超级活跃的应用程序正打破欧洲初创企业的局面。我之所以这么了解这家公司，是因为我是专门向首席执行官、创始人和市场营销部门提供顾问服务的咨询委员会的成员，也因为琪亚拉·法拉格尼是Depop的一位入驻商户，她算是较早在Depop上出售自己的衣服和包包的主要时尚博主之一。

Depop的发展史十分传奇，而且极具代表性。那时西蒙37岁，有着几段不同的职业经验。他当时决定休假一段时间，考虑自己接下来想要做的事。在那几个月里，他思考了很多也做了很多，直到有一天他在笔记本上设计了一个可以网上购物的应用程序的界面……西蒙一直都是运动鞋收藏"发烧友",他总觉得缺少一个可以给用户提供有趣体验的买卖二手商品的网站。经过十几次的尝试后,他觉得这个创意很有意思,于是他向H-Farm发送了一封电子邮件。他们在威尼斯附近的龙卡德小镇的总部接待了西蒙,并在听完他的想法后,决定帮助他。H-Farm为他提供了一个办公室、一个可以帮他制订商业计划的导师以及一些资金。孵化期为6个月,在此期间他们启动了这一项目,开发了应用程序,并在网上商店里推出了。之后西蒙飞到了伦敦,在那儿他遇到了非常重要的风险投资者,而且他们决定投资这个项目。

西蒙不仅心态正确,不怕尝试,他还知道如何充分利用孵化器所提供的资源。

显然这并非是唯一的道路,还有其他公司会为新项目提供一个适当展示自我的平台,就好像是初创公司的一个橱窗。H-Farm、Nana Bianca或是其他许多类似的孵化器,都可以让创业者向风险投资者或是天使投资者表达他们的想法,而一般情况下,他们都会得到投资。

同时,不乏还有一些竞赛也具有相同的目的。比如

37

MYllenium Award（myllenniumaward.org）比赛，我跟它已经合作多年了。

## 从哪儿开始

√ 想要收集有关孵化器、加速器、橱窗和竞赛等信息，那么可以从这个网站开始查询：startupitalia.eu。

√ economyup.it/startup/acceleratori-e-incubatori-dove-andare-per-far-nascere-un-impresa这个网站链接的文章里，有一张按地区划分的意大利主要的孵化器和加速器的列表，并附有专业部门指南。

√ 另见wcap.tim.it和windbusinessfactor.it/contest/startup-award/5.

√ 如果你正在寻找天使投资人的话，那么可以向意大利天使投资人联合会（Italian Angels for Growth），简称

IAG——意大利最大的投资天使网络（italianangels.net），介绍自己的项目。

√ 意大利的主要风险投资基金会有：Innogest sgr, 360 Capital Partners, Principia sgr, United Ventures, P101, Panakès Partners, Primomiglio sgr, Vertis sgr, Invitalia Ventures, Intesa Sanpaolo + Quadrivio 以及 Oltre Venture。

资料来源于：startupitalia. eu/59998-20160707-fondi-venture-capita-italia。

## 目光凝聚在同一个目标上

想要启动项目且需要资金的创业者，他们还有另一个选择——众筹（crowdfunding）。通过这一平台，倡议者的项目只要具备经济、社会、文化或慈善等性质，都可以通过网络平台向其用户筹集所需资金，以支持该项目。其中，意大利最著名的众筹平台有Kickstarter和Indiegogo，当然还有其他许多平台分别为不同类型的项目投资。这些项目不仅限于初创企业，还涉及漫画、电子游戏、音乐和书籍类等。

这套体系十分有趣，但是并不支持所有类型的项目。实际上，该机制暗含着一个要求，即项目在具体落实之前，需要对每个细节进行描述，因此该体系并不适用于那些难以预料、常常出其不意的行业，比如说时尚业。而对于一些门槛低、易启动、易复制的行业也不适用，因为一旦将这类想法放到市场上，有可能马上就被抄袭，除非因为技术原因而不易被仿照。简而言之，对于那些想打造一个"令人向往"的品牌的人来说，这一体系是不可行的。而对于其他能够设计生产一些尚不存在且需要特定技能，才能创造出的具有功能性产品的人来说，就很容易通过它来实现自己的设想。因此，对于高科技行业的创业者来说，众筹是十分有效的。

Olo就是其中一个例子。它是一款廉价的3D打印机，可以与智能手机一起使用，原理就是通过设备屏幕发出的光来固化这个特殊的光敏树脂。Olo的创始者彼得洛·加布里埃尔（Pietro Gabriele）和菲利波·莫罗尼（Filippo Moroni）向Kickstarte表达了他们的想法。通过众筹平台，短短几个小时内就已经达成筹款目标了。

## 算账

无论什么情况，一旦启动项目就需要资金，而且很有可能在盈利前，这些资金就早已耗尽。

我试着通过一个例子让这一切变得更易懂些。假设一个人通过众筹启动了项目，他从投资者那筹集了20万欧元。他需要这笔资金，因为项目在第一年里并没有盈利，而支出则高达10万欧元。假设第二年的收入为5万欧元，而成本仍为10万欧元，那么他就需要在收入5万欧元的情况下，再从众筹的20万欧元中拿出5万欧元投入进下一轮生产中。第三年可能会有进账，我们假设一共入账30万欧元，但成本可能也会因为需要再投资而增长，假设上升到35万欧元。我们已知，初始众筹的20万欧元已经在前两年生产中花费了15万欧元，只剩下了5万欧元。具体来看，第一年投入了10万欧元作为启动资金；第二年投入了5万欧元弥补亏损；而第三年又投入了5万欧元弥补亏损。这就是一开始我们需要筹集20

万欧元的原因,因为我们知道前3年就差不多需要这么多费用。在公司创立的初始阶段,企业是没有盈利的。如果有了10万欧元的收入,但成本却为20万欧元,那就是损失了10万欧元。 即使创业者们十分优秀,能够获取盈利(不过这个确实很难做到),但是大多也需要将这些盈利再次投入到下一轮的业务扩展中去。

　　出于这个原因,我认为原则上不可能不需要启动资金。当然,一切也还得取决于脑海中想要发展的业务类型。在我的个人经验中,我和我的合伙人在启动Foorban时,启动资金为50万欧元,而Chiara Ferragni Collection的启动资金为40万欧元,因为这两类项目的启动都连带着某类隐含成本。第一个项目,不仅需要考虑到准备食材所需要的物流,以及送餐时所涉及的物流,当然还需考虑到应用程序开发的费用。在第二个项目中,必须要对商标进行注册以及启动鞋业生产。而The Blonde Salad博客则完全不同,因为我们是从写博客开始的。我当时负责拍摄照片并与客户公司联系,而琪亚拉则是负责修改照片和编写博客内容。在这种情况下,投资非常小,10欧元购买域名,452欧元购买单反相机。这两个项目的业务完全不同。

简而言之,在我看来,我们应该摆脱"不管有多艰难,我就是喜欢单干"的心态,而这恰好是典型的意大利企业精神。最后,等到焦头烂额的时候,生意自然如竹篮打水一场空。我认为,获得续命的资金更加重要,即使这意味着公司可能需要出让20%股份,那也胜过两手空空的危险。80%的"有"比起100%的"无"还是要好得多!

说到"自给自足综合征",我觉得十分荒诞的是,很多人抱怨意大利企业家在本国找不到资金的情况下,转向外国的投资者。事实上,欧洲最大的投资基金就来自英国、法国和德国。我不觉得一个意大利企业家在本国创业时,向外国投资人寻找资金有何不妥。他始终都是意大利企业家,即使他们用的是英国、法国或是德国的钱。在此类问题上,狭隘的民族主义是极大的羁绊。

## 第四节
## 典型的意大利企业精神

我想起了一个完全不相干的例子，却有一定的启发意义。那就是古驰（Gucci），一个意大利历史品牌。它在2004年被法国开云集团（Kering）通过高额公开标价收购，并被人们喧嚷为一桩丑闻。人们或许从未想过法国人购买古驰，并不是为了封杀和抛弃它，而是为了让它能发展得更好。为此，收购后，在任何一个方面，古驰都保持着意大利风格。古驰确实是归法国人所有，但是首席执行官以及设计总监都是意大利人，而那些最主要的办事处一直都留在意大利。简而言之，在这件事上，法国人非常有远见地投资于最美好的意大利公司之一，仍使其保持意大利风格，本就应该是这样！对初创公司来说也是如此：从国外拿钱来尝试创办一家意大利公司有什么问题？

## 洛伦佐·吉多蒂（Lorenzo Guidotti）

SIM SPA资本管理解决方案公司
家庭与健康管理部
合作伙伴和负责人

当你为了寻求资金而站在投资者面前介绍自己的项目时，无论背后的创意是有多么新颖出奇，或是大胆超前，都要记住：在表达时，必须要让对方相信，你的热情和充沛的能量可将项目推动向前，并且你的团队就是能将创意变成现实的最佳团队。我还记得，当初马尔科·莫托莱塞、里卡尔多·波佐利以及斯特凡诺·卡瓦列里为Foorban寻找资金时，就是我陪着他们一起去的。在那种情况下，最重要的是让投资者知道：马尔科是产品专家，里卡尔多擅长市场营销以及品牌，而斯特凡诺是企业家，他们有能力一步步把想法变成现实。

说到投资者，我们必须要记住，并非所有的投资者都一样，且他们的钱也有所差异。这里涉及一个概念，这个概念可以用一个词来表示，即"聪明钱"（smart money）。"聪明钱"一般掌握在一个具有技能、可给项目带来更多的竞争力、拥有人脉以及其他价值的投资者的手里。所以，从这点来看，最好寻找你所想要经营行业的相关投资者，因为他们除了能给你带来资金之外，也可以给项目带来更多的附加价值。

除此之外，在不要过分稀释公司股权、不进行太多轮融资、不失去对公司把控权的诸多前提下，获取资金是一项难题。从这方面来说，你要去商谈对象的角色就变得更加重要。也正因如此，我认为第一步，在初创阶段，最好寻找孵化器或者其他企业家，即所谓的天使投资人，而非风险投资者。因为他们更容易理解创始人管控公司的重要性，防止公司偏离本意或是在还没有成熟的情况下，就立刻要求KPI（Key Performance Indicators，即企业关键绩效指标）。说到底，投资者也就像一个企业家，必须要有能力遵循自己的本能，这是做投资者必不可少的品质，要不如何能够对仍处于早期阶段、难以充分预测前景的项目投入资金呢？

BLOG
TEXT
WEBSITE
CONTENT
CHRONOLOGICAL
KEYWORDS
DIARIES
IMAGES
OPINIONS
URL
WWW
BLOGGING
POSTS
INTERACTIVE
MEDIA
LINKS
NEWS
NETWORK
MARKETING
CREATIVITY
BLOGGER
DISCUSSIONS
SOCIAL
HTML
POPULARITY
COMMUNITY
TAGS
WEB
SHARE
COMMENTS
VISIBILITY
VIDEOS
INTERNET
BOOKMARK

# 第三章

## 拥有愿景而非先见

## 第一节
## 如何获得一个想法，并把它变成一个企业

**睁眼做梦**

在营销术语中，"愿景"一词用于表示企业家对其公司的构想，是任何一个商业计划的基础。换句话说，"愿景"是未来情景的投影，是公司的价值观及其精神的反映。公司所做的所有决策都是为了实现该"愿景"，并因此与其保持高度一致。

例如，Twitter（推特）的愿景陈述是：让每个人都拥有随时无障碍创造和分享想法及信息的能力。而Google（谷歌）的则是：在全球范围内组织信息，并且让它们易寻有用。Instagram（照片墙）的是：捕捉并分享世界的瞬间。

因此，愿景就是每个企业家自己心中的梦想，是他建立这家公司的最开始的原因。当你启动一个项目时，也必须有个清晰的梦想。在创立之前，必须要知道你最终想到达的地方。愿景是核心，是每一个企业成立的基石。

对我来说，愿景是一个如此美好的概念，超过了任何的书面用语，它是每个人对自己未来职业的想象、梦想以及愿望。另一方面，我们说愿景是一种品质，或者更确切地说是一种心态，这体现在我们生活的每个方面。这是一种心理机制，让人们不再专注于眼前的时间，当然这也并不意味着能够从水晶球中看到未来！愿景让梦想聚焦在一个景象上，使它在脑海里一直保持生动鲜活，直到有一天你将它变成现实。

也正是这种能力，使得平凡的创业者，在这么多的挫折中，变成了企业家。心有梦想，并且能够看到实现它所需要的具体步骤，以及每个完成的动作行为，从始至终都是朝着那个方向前进——如果可以做到这点，那么梦想就会变成现实。但是，如果你的注意力只能在短时间内集中，那么，你将不得不不断地重新制订你的目标。结果，就像没头的苍蝇，飞来飞去，所有的行为都毫无意义。

拥有愿景意味着专注于一个美好的景象直到将它变为现实。当我和琪亚拉创建The Blonde Salad博客时，我们就有一个十分清晰的愿景。那时在我们的脑海里总有这样一个情景：一群很酷的年轻人，一边环游世界，一边谈论着时尚。虽然当时我们什么也没有，只是两个不谙世事、二十出头的年轻人。我们脑海中的情景在大多数人看来更像是痴人说梦，但是我们自己十分专注于那个想象，并因此努力工作，想要将梦想变成现实。

Foorban也经历过这些。斯特凡诺、马尔科和我，我们都说过，不想成为市场上的另一家送餐公司，而是要推广一种新的用餐模式（在米兰）。我们所做的一切以及我们现在正在做的一切都是在朝着这个方向前进。当我们开始想象Foorban时，我们似乎已经看到了贴着我们商标的vespa[①]小摩托车在这个城市穿梭，看到了我们还未决定往碗里放什么时，客人就早已抢购一空。

---

① 意大利著名的摩托车品牌。

后来，随着我们的想法慢慢变得具体时，很多东西比起最初的想法都发生了改变。落到实现，也就意味着需要对想象中的情景进行调整。但是我们的核心从未变过，因为想要做成某件事，无论是初创企业还是另一类型的项目，就必须要让思维自由飞翔，努力奔向那个你想要到达的地方，将愿景具体化，并始终保持初心。

## 第二节
## 描绘愿景并把它具体化

**不期而然**

为什么有些人能够拥有愿景,而有些人则不能呢?原因有两个,一是个人的性格问题;二是变量组合——教育、背景、经验的影响。

如果我们身边的人不限制我们,不以他们封闭的思维影响我们,并且传授我们拥有梦想的技能,那么我们将会受益良多。对我来说,虽然在做The Blonde Salad之初,我的父母很难精确地理解我到底在做什么,因为他们对博客、社交媒体以及其他信息技术都比较陌生,但他们还是做到了对我的事业的支持。当博客的第一笔收入到账时,我还在准备毕业论文。那笔收入数额虽小，但却让我和琪亚拉明白（也让我们家人明白），我们的方向是正确的。虽然比起银行的工作（对于一个像我这样学习金融的人来说，最对口的就是在银行工作），这份事业显得很不稳定。但现在想起来，那也许只是我的多虑和担心。我害怕将来会从事与学业背景毫不相关的事业，而这种担心和害怕其实没有必要。令我感到欣慰的是，我的父母亲一直都很支持我。当然，他们也从未向我掩饰过他们心中的担心和犹豫，但是这些不会使我感受到不必要的困扰和害怕。反而，如果没有那些质疑我们的人，我们或许会犯下更多的错误，这些提出质疑的人促使我们反思并明白，并非所有直觉都是正确的。

  重要的是身边有人能够给我们建议，即使是个外行人。有时候，跟他们在一起能够明白哪条路是正确的，哪条路是错误的。我们在跟别人交流时，有可能只是想测试一下我们的计划的可行性，而不是一定要获得他人的支持和理解，或是一定要说服他们。换句话说，很多事情并非一定是正确的或一定是错误的。假设它开始并不正确，而我们最终却让它正确了，这不是更加有成就感吗？

总之，拥有愿景的能力是可以通过训练来获得的。从这个意义上讲，获得更多的经验，不要老是封闭在自己的壳中，试着去发现更多元的世界，都对获得该能力有所帮助。

对于我来说，最能锻炼我思维模式的方法之一，就是频繁搬家。我知道这样说，你可能觉得我很疯狂。实际上，房子是我们心中最重要的东西之一。在人类需求的金字塔中，它仅在食物之后，位居第二位。房子代表着我们的根，给了我们安全感。而时年31岁的我已经经历了不下15次的搬家活动，这使我相信：改变事物并非不可能，因为如果每一次我都可以放弃那个我们认为是核心的，具有象征意义的房子，而再另起炉灶，那么它至少说明了，改变总是可能的。

这一点不仅在个人层面上适用，在工作层面上也是一样。人们总是可以重新开辟新的道路，开启新的项目。如果你一旦决定要做某一件事，就不要害怕改变，不要害怕风险，也不要害怕梦想。除此之外，我们还需要将目光放得远一些，因为如果放得太近，脚下的路就会一眼看到了尽头。

就像我之前提到的，创业需要有耐心。拥有愿景，也就是暗指预见并不存在的情景，它会随着时间的推移而变动。举个例子，如果我的梦想是酿造葡萄酒，那么我就应该知道，从生物角度看，这个项目需要一定的时间。因此，我们就更需要毅力和坚持到底的精神。我知道各种励志鸡汤无处不在，而最终都会变得索然无味。然而永不放弃确实是胜负的关键，只要坚持美好的愿景，一切皆有可能。当然我这里说的梦想，是指可以被实现的理想，而不是那些客观存在着的、不可跨越的空想，因为现实的决定权根本不在我们手里。在这个前提下，我确信我们正处在一个任何梦想都能成真的历史时刻。实现它或许需要比预期付出更多的时间，甚至有可能是一生的时间。又或许我们还需要付出一些代价（凡事总有代价），但是，我相信，我们最终都可以守得云开见月明。

我认为还有一点很现实的问题需要考虑清楚。那就是，有可能你的私人生活会有与职业抱负相冲突的时候。在这一点上，由你个人做取舍。我曾经也做过这样的艰难抉择，我为了实现事业上的梦想，得要在个人层面上付出很高的代价。最终，我决定放弃那次机会。虽然每个人都可能会遇到这种情况，但其实这种抉择是没有一个标准答案的。

　　正如我之前所说，即使愿景可以通过训练去开发，也并不是每个人都可以最终拥有它。安德烈亚·洛里尼（Andrea Lorini）是我的一位老朋友，现如今他是Chiara Ferragni Collection品牌的首席执行官。以前，安德烈亚总是跟我说，他想和我一起工作到老，因为我是那种有愿景的人，而他是那种可以将愿景与现实很好结合的人。我希望，所有心中有愿景的人，都能够将愿景以正确的方式勾勒出来。在这之后，所有的一切活动都得以愿景为中心而展开。勾勒心中的愿景绝对是一件很有难度的事，因为随着时间的推移，它可能会进行演化，而我们要做的就是不能让它偏离了本质。如果我们中途改变了方向，那么之前所有的努力都会白费。

　　愿景可以产生对企业的想法，而拥有这样的想法需要具备足够的敏感度和好奇心、保持思想开放、消除环境因素的影响。一个好的环境会激发人的创造力，让人保持前进的动力。这是件好事，但是我们自己也需要具备一定的性格特征才能利用这一因素，让想法开花结果。人生本来就充满未知，人类也是在不断的探索中取得了文明的进步。这种探索的能力每个人身上都具有，如果一个人可以成功，那么其他人也一样可以。只是，并非所有人都有勇气、能力和开放的思维去探索未知。

当我最初创建The Blonde Salad博客时，我那时的女朋友琪亚拉负责给自己拍照并将它们发到网上去，而我则负责研究和分析专业博客并进行网络宣传。我在青春期时，十分痴迷于Badoo、Netlog和MSN等社交网络。虽然当时并没有觉得这和我未来的职业有什么关系，但现在看来，过去的一切都是有意义的。

我个人觉得，这些经历都是生活所赋予的宝贵财富。在创业的初始阶段，外界环境对我们相当有影响，但是今时不同往日，因为信息技术的发展，这些也变得没有那么重要了。我们现在有网络，可以咨询、可以阅读，就连"环游世界"都变得更加可行。请注意，我这里说的"环游世界"并不是指空间上的移动，而是指一种思维方式，一种打开头脑从不同视角观察世界的方式。众所周知，虽然有些人哪都没有去，但是他们比那些环游世界却未做好准备接受启发的人的思想更加开放。

当我们站在过去的经历面前，只有具备高度敏感性的人才可以将它们连接在一起。想要获取一个好想法，必须得很精确地将创造性以及敏感性结合在一起。那个时候你会明白只有一种方法可以将所有的点串在一起，而这个唯一的方法就是初始输入。初始输入与愿景相结合，即可创造出真实的东西来。

为了能够拥有一个好的构想，我们需要具备正确的心态。首先，我们无法预知自己是否具有这种天分，所以老跟自己说"我缺乏创造力"这种话是毫无意义的。我们必须把自己放在一个恰当的环境中，去旅行、开放思想、阅读、咨询、实践以及失败。这样一个过程的意义在于：它不是机械的，而是灵动的、充满启发性的。

## 第三节
## 创造性与敏感性的结合

当我被推荐去芝加哥的一家公司实习时,我甚至都不清楚灌溉设备是什么东西,但我最终说服自己:"就是因为我不知道,所以才要去。"事实上,即使拥有了这段工作经历,我对园艺还是知之甚少。但是从另一方面来说,它确实打开了我的思维天窗,加快了我创建The Blonde Salad博客的步伐。

我认为启发和新的想法之间不存在直接联系是件好事,因为这就说明灵感或许就会从你最意想不到的地方涌出。

**仅有想法是远远不够的**

当我跟有抱负的创业者进行交谈时,我感觉到他们都有点神话"制胜的想法"这一概念。如果创造一家新的企业的基础是必须要有个与众不同的"创意",那么现在人们几乎不可能发明出一些新东西。其实,真正重要的是如何将创意付诸实践。

我认为这个概念更为实际,不那么绝对,但是也更为复杂……换句话说,即使你拥有一个绝妙的创意,但是在错误的时间、错误的市场,跟错误的团队,这个想法也走不了多远。相反,有一些创意可能没那么出众有趣,但是如果能将它很好地付诸实践,也许它最后可以取得卓越的成果。所以,真正的优势不在于拥有一个"世纪创意",而在于能够通过正确的方法将它和实践相结合。

我曾经的经历让我相信,有能力的投资者们也是这样看待问题的。他们并不仅仅评估这个创意本身,还要知道在他们面前的这些人是否有能力将其创意实现。投资者们通常不关心这个创意是不是一则爆炸性的新闻,也不关心那些数字是否正确或商业计划是否完美,因为他们投资的是创业者自身。这种情况也发生在当斯特凡诺、马尔科和我为Foorban寻找投资时。投资者想要与我们三人碰面,看看我们是否是将这个创意变成现实的最佳团队。

当他们问起我们是从哪里获取了创业的灵感时,我不禁有点想笑。事实上,我们的创意来源于纽约的一家创业公司——Maple的商业模式。只是很遗憾,那家公司在短短两年内就倒闭了。Maple公司是由一位很有名的企业家David Chang创立的,它于2015年夏天在曼哈顿首次亮相。该公司提供高水准的服务,厨师在专门的餐厅为顾客烹制美食,然后由配送人员在15分钟内送至客人手中。Maple公司一度取得了巨大的成功,他们每年的销售额达到了2 000万美元,但后来却破产了。问题就在于,为了抢占整个市场,Maple公司将菜肴的价格降至9美元每份。显然,从经济角度来看,低价竞争是一个不可持续的选择。 在Maple公司所处的商业环境中,他们的原材料的价格远远高于那些只是提供标准餐食的竞争对手的价格。除了价格因素,Maple公司的失败也与在像曼哈顿这样的城市的交货成本有关,在这里进行价格竞争是不可行的,成本压力会使其再也无法支撑下去。接下来,很自然地在新一轮融资中,投资者拒绝继续投入。

Maple公司的故事也给了我们很多的教训。比如,公司需要一个正确的定位，并且必须清晰地知道自己的目标。很明显，在这个案例中，Maple公司的产品不应该是大众产品，而应该是针对那些对原材料质量以及卫生更挑剔的人所生产的"特殊商品"，这些人是愿意为此多付费的。

在我看来最重要的一点就是：创意可能是正确的，但是后续的一切工作也必须做好。因为创新业务的每一个阶段都含有致命的陷阱，这一点我会在下章着重讲述。

## 西蒙·贝克曼（Simon Beckerman）

系列创业者
Depop创始人

我认为一家企业的成功是由一个好的创意和一个从各个方面与这个创意高度契合的团队共同决定的。我经常遇到一些人，他们的想法别具一格，但是缺乏在那个行业或领域工作的经验。但正是在该行业领域中积累的经验，才能培养出获得成功所需的必备素质。否则，创意就会像一个美丽的空壳子，我们不知道该用什么去填补它。

一个普通的想法，但是团队优秀，比起一个想法优秀，但团队普通，更加容易获得成功。当然，最理想的是两个因素都很到位。我最近一次在商业中的历险——创建Depop公司，它的诞生很大程度上是因为我当时的坚持。"这是一个十分好的想法，它肯定会获得成功。""由于我以往的经验有助于公司的发展，所以我就是推动它向前发展最完美的人选。"因为这些想法，我最终决定投身于此。当一个人拥有了上述两项最基本的素质时，他就可以扬帆历险了……这两个素质契合度越高，整个开展过程就会越顺利，而结果也会更好。就我而言，具备了这两个素质就像启动了一个按钮，在大量的准备工作完成后，某一天早上醒来，做一个深呼吸，你惊奇地发现这台机器自动运转着，而我们要做的只是给它加油就行。目前这个状况对于我来说，已经达到了"1"。当然这不是我们最终所要到达的终点，因为之后还有"2""3"……

因此，我的建议是不要因为自己知道如何制订商业计划并已经为筹款流程做好了万全的准备，就觉得可以在仅有想法的情况下启动项目。在我看来，认真分析创意，并考虑清楚自己是不是实现该创意的最合适的人选才是最重要的。问问自己是否只有一个让我们激情燃烧的创意，还是同时拥有一个团队可以为此效力。我觉得只有在两种素质都具备的条件下，才是行动的最佳时机。

直至今日，推动着我在创业道路上不断前行的是一种想要创建一些东西可以让我或是可以帮助他人独立的愿望。无论是只由我创建或是与他人联合创建公司，目的只有一个，那就是想要通过探索新领域来创造新事物。通过这些新的领域，向自己和他人证明，总有方法去创造新事物，进而增加已有的价值。在创造的过程中，我总是充满热情，不断向前奔跑……我相信，梦想终将实现。

在我们小的时候，经常被阻止做很多事情，原因可能是事情本身不正确或者有危险。但是，每一次你对一个孩子说"不"时，你就是在告诉他，他的好奇心是错的，而且他有可能会因此受到伤害。实际上，好奇心对成年人来说，是鼓励我们学习，从而创造新事物的推动力。一个在成长中总是被说"不"的孩子，长大后就不再想做任何事了，因为他害怕出错，害怕受伤害。为此，我们要摆脱经常说"不"的习惯：出错是好事，因为从失败中比从成功中可学习到的东西更多。更重要的是，只有把恐惧、害怕封锁起来，我们才可以保持开放的态度去接受那些从实践中学习到的经验。

## 好奇心是学习和创造的推动力

对我而言，最幸福的时刻就是当我看到人们开始使用我的产品。我看着这些产品，想起了奋斗中的日日夜夜。在过去的日子里,我们一切的讨论、争吵、焦虑和艰辛都是为了能够创造出如今人们正在使用的产品。看到有人愿意为你创造出来的产品花钱或是花时间,有一种难以形容的感觉。

我记得坎耶·韦斯特(Kanye Omari West)让他的创意顾问维吉尔·阿布洛(Virgil Abloh)联系我和我哥哥丹尼尔(Daniel)时,我们正一起打理我们创造的墨镜品牌——Super Sunglasses。坎耶当时想与我们合作生产一款太阳镜系列……我还记得我们初次见面的场景,坎耶手拿一个装满Super墨镜的盒子,从自己纽约公寓的卧室走出来,激动地向我们表达他对我们产品的赞赏!

然而,如果当时那几天我没有听取我母亲的建议的话(虽然我并没有想征求她的意见),也不可能会有Depop之后所发生的一切。因为那段时间,我正在寻找投资者。母亲不断地在我耳边说:"宝贝,你快看《美国绅士》杂志对伦佐·罗索(Renzo Rosso)的专访,里面他说到他有投资给一个名叫H-Farm的技术创业园。你快读一读这篇文章,或许对你的事业有所帮助。"然而,我却没有真的听进去。直到最后,我再也忍受不了她的"唠叨",只能对她说:"好吧，妈妈，我看。"我答应她不为别的，只为了能让耳根子清静些。然而，之后证明了H-Farm是Depop获得成功的基础！"妈妈总是对的"，这句话没毛病。

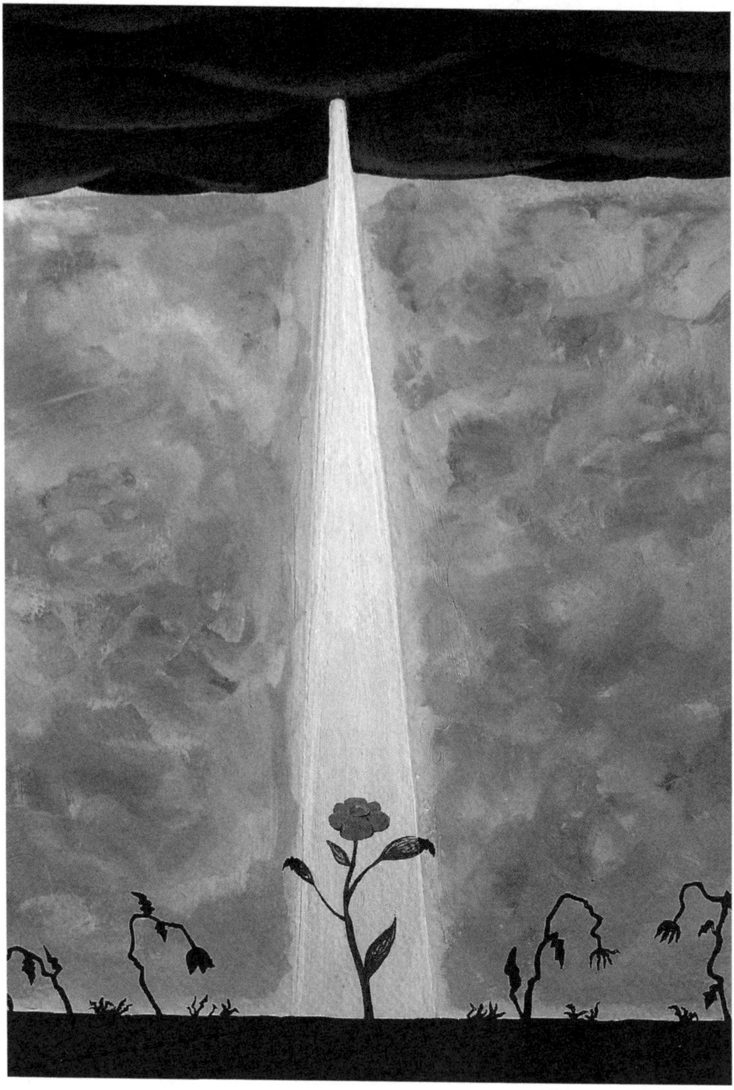

# 第四章

## 办公室的折叠床是从0到1的必备品

## 第一节 在初创阶段应该如何操作

特工00……1

彼得·蒂尔（Peter Thiel）是Paypal公司与Palantir公司的联合创始人，是硅谷最重要的初创公司，如脸书、SpaceX、领英（LinkedIn）等的投资人，而"从0到1"就是由他构想并提出的一种模式。蒂尔主张："进展可以采取两种方式，横向或广泛进展，代表复制可运转的东西，从1到n。"这很容易想象到，因为我们已经知道它是什么样子。纵向或密集的进展，意味着创新事物从0到1。我们要花费多少时间和精力去填补这两个如此相近数字之间的距离呢？现实远超你的想象！

首先，在从0到1之前，很可能需要尝试四到五个"0"。因为没有人可以担保第一次创业就能成功，至少我无法做到。

我的第一个"0"，即我第一次创业的经历是在2005年，当时我在读大二。我和我的朋友斯特凡诺·卡瓦莱里想为所有学经济学的学生创建一个社交网络，以促进学生间的沟通和交流，包括阅读心得、想看的书、课堂记的笔记以及工作机会等。我们为这个社交网络起名为YMGUP，它是Young Managers Go Up这四个单词首字母的缩写。基本上它算是领英社交网的一个前奏，它关注的是经济学科的学生们。这些学生与其他系的学生不太一样，因为通常他们会更多地关注于职场，更有可能会注册一个这样的社交网络。

这个项目源于我们希望能更多地参与到我们所处的大学生活中，希望能建立一个网络，但也可能是一个普通的网站，用以发布各个经济学院组织的活动。虽然现在回头去看，我可以说这是一个很好的想法，十分新颖，但是当时我们并没有多大把握，只是隐约看见了它的潜力。

一切开始了。我们先是找到了一个网站的开发者，他是我的朋友的朋友。通过他，我们创建了网站。但是由于我们没有支付工资的预算，所以他也只是在闲暇的时间帮我们工作。因此，单是开发网站就花了6个月的时间。当网站建设完毕，新的问题出现了，那就是我们没有能力去推广它。那时是2006年，我才20岁，在网上认识的"好友"也很少。在我推出新网站时，可没有如今在社交网络上的粉丝量……不过说实话，当时的脸书还未诞生，而照片墙（Instagram）也还不存在！

简而言之，以前从未从0做到1过，当时可以说是什么都不知道。不知道什么是时效性，不知道应该准备多少资金，不知道如何推广我们的社交网络，不知道如何提高知名度。这就解释了为什么即使一开始的直觉是对的，可后来却触礁遇难了。不管结果如何，这些都是我宝贵的经验，它不仅在理论层面上，更是在实践中教会了我很多。对我来说，当时没有任何的实战经验，我只能不断地去试。

我相信，当一个人要启动新项目时，最有建设性的态度应该是这样的："我试试，如果最终不行也没事，至少我积累了一些经验。下一次我肯定会少犯错。"初创企业者是先锋，他们敢于承担风险，不惧扬帆起航，更重要的是他们做得漂亮，而非只说不做！

## 第二节
## 计划和变化的重要性

**目标就是有计划的梦想**

做先锋可以，但绝不做神风队①队员（kamikaze）：鲁莽地将自己投入危机四伏的事业中，完全不计成功的可能性，这绝非是一个好主意。因此，我认为在创业前制订议程、做好商业计划和战术运营计划都极为重要。但是，如果环境有所改变的话，我们需要视情况而定，随机应变也是十分重要的。千万不可盲目地死守着原计划，不知变通。

计划实际上是一个参照物，如果现实表明要往另一个方

---

① 日本在第二次世界大战末期组建的实施自杀式袭击的特别攻击队。

向发展，我们也要为此做好准备。例如，如果一家企业在经营3年后，意识到可以尝试新开一个销售点，而这个销售点按计划是在5年后开的。这时，可改变原计划。同理，如果依照商业计划是要在罗马开一个销售点，但是第一年的运营情况表明在都灵开设会更佳，那么这时显然是要根据实际情况做出改变。

企业做决策最重要的是其参考准则，这也是为什么我们要制订商业计划。企业必须要有一条明确的路线，这样才能知道是何原因导致我们没有贯彻它，是什么原因将我们越推越远。如果没有一个参考点，什么时候偏离了轨道我们都很难知道。

商业计划是一个最基本的要素，即使是在向潜在投资者推荐自己的项目时也是需要的。我们可以通过很多方式来制订商业计划书，比如，在网上就可以找到很多有用的信息和图表来帮你搞定它。

商业计划并不仅仅是数字的排列组合，它更像是一场实实在在的公司介绍会。正因如此，我们的第一件事就是要介绍一下团队的成员。当你想要说服投资者时，必须确保他相信这个团队可以实现该项目。

　　接下来要做的就是，解答别人的问题。每当进行到这一环节时，我总是会想起电影《华尔街之狼》中最经典的情节。顺便说一下，这并不是我最喜爱的电影。我跟我的很多大学同学不一样，他们都用莱昂纳多·迪卡普里奥（Leonardo Dicaprio）饰演的乔丹·贝尔福特（Jordan Belfort）的剧照来做脸书的头像。然而我对这部电影有点不适，因为我认为神话某人是完全消极的做法。尽管如此，我还是喜欢电影中有关"笔"的那个情节。这是乔丹测试销售人员是否有销售能力的方法之一，即，要销售员试着将笔卖给他。而其中最有能力的是布拉德，他是那片区域业绩最好的人。他并没有陷在说服对方相信这是一支最漂亮、最特别的笔的对话较量中，而是想方法让对方需要它。"请帮我个忙，将你名字写在那张餐巾纸上。""但是我没有笔啊！""这有，只要你开口要，不是吗？"这段简短的对话比起很多长篇幅的探讨，更好地说明了营销最基本的要点之一——需要创造一个迫切的需求，然后就是准备好去满足它。

说到这里，我得解释一下，我们该如何满足已经显示出的需求？说一说你的项目该如何运作，哪些是它的优势以及所追求的目标。简而言之，就是介绍所谓的"价值主张"（value proposition），当然也包括介绍公司未来商业活动与市场已有的商业活动之间的区别。上一步骤与下一步骤紧密相关，接下来需要描绘一下我们所说的市场前景（market landscape），用以分清谁是直接竞争者，谁是间接竞争者，这样可以更精确地判定潜在市场的规模。如果你正在寻找资金，那么告知投资者竞争对手已经完成了几轮融资，也是十分有效的。

前面这些信息就为接下来的数字计算打下基础：首先，我们需要计算出初创企业的成本，即单单启动业务所需的费用。这些费用也包括法律程序上的费用，主要是用于商标注册以及网站和应用程序的开发设计。这些只是我随意举的例子，也是我在数字化领域创业的一些亲身经历。

然后，我们需要介绍一下创立后初期的运营成本。其中包括营销活动、业务开发人员、工作顾问、行政顾问、员工、服务器、办公室房租和管理、维护、首席执行官、平面设计师等的费用。

在寻求融资时，对详细费用的预估是必不可少的。因为只有通过这种方式才能够知道，我们需要向投资者们寻求的资金数目。接下来，根据未来两三年的收入预计，让投资者了解到公司的价值。在这种情况下，也可以概述一下各种可能会发生的情况，因为谁都无法确定业务将如何发展。最理想的方式是预计三种可能：一个是非常悲观，一个相当现实，最后一个是非常乐观的。

要做到这一切，就必须要有严谨的态度，有方法、有组织地开展相关活动，当然也不能没有灵活应变的能力。企业家需要具有敏锐的直觉，另辟蹊径探寻宝藏，而不是万事跟随大流。但是也绝不能忽视主流大道，以便必要时回归主道，继续自己的旅程。

## 第三节
## 私人生活和工作的重叠

**如何做到兼顾一切？**

在公司的起步阶段，创业者需要什么都会一些，而不应该只单独擅长于某件事。更确切地说，创业者应该对每个阶段需要处理的大大小小的事做好准备。正因如此，一般情况下，创业者都不是书呆子，而是充满活力且准备好"汗流浃背"的人。

我知道，或许你们此刻会想到马克·艾略特·扎克伯格——世界上最著名的创业者之一。你们肯定会想，马克才不是或不曾是我口中创业者的类型，他本人更像是一个书呆子，一直坐在电脑前。但是他有智慧让不同于他的人围绕在侧，在创立脸书时，他们正好与他取长补短。

我一直都有积极担当各种事务的意愿倾向，即使事情再劳神费力，这股劲一直都在。例如，当我读高中时，我总是喜欢做班长、学校代表、运动队队长、报刊编辑以及学校乐队的鼓手。直至高中的最后一年我意识到，如果我想要顺利毕业，那么最好还是得收心读书。

我这种多任务处理（multitasking）的能力，也在The Blonde Salad博客启动的第一年里受到了十足的考验。当我与琪亚拉通过Skype（一款即时通信软件）对话期间，她有了想开博客的想法。之后，我就开始学习HTML（超文本标记语言，标准通用标记语言的一个应用），并在互联网上查看教程，学习如何绘制网站图案。那段时间芝加哥的天气也帮了我大忙，外面出奇地冷，所以我大部分时间都是宅在温暖的家里，在电脑前研究这些。除了工作和运动之外，我也没有其他应酬，所以我有很多闲暇时间，不断修炼这方面的技能。一开始，一切都很简单，因为我们使用的是谷歌最通用的博客平台，名为Blogspot。我们从Blogspot标准款开始，之后再根据我们想要的效果，编辑HTML代码进行修改。

  后来,当业务量不断增长时,我就将这部分工作交给了在电脑方面比我更专业的人来操作。我知道我的能力可以更好地用在其他方面,比如人际关系或者客户管理。不过这也是一个过程,我不可能从一开始就知道该怎么做。只有在工作中,我们才能学会如何让自己的时间更有所产出。当项目启动时,作为公司的创始人一切都亲力亲为是很正常的。当公司组织结构慢慢形成时,即使无法掌控一切,也无须感到焦虑躁动。我们应该了解自己的能力在哪儿,自己的资源该如何投放才更优。要完完全全把自己当成一个被聘用的人,否则公司就无法成长。因为我们都是人,每个人都有自己的局限性,这分别体现在时间、精力和能力等方面。当超过一定的程度,单打独斗是不可能让公司继续成长的。但是在到达之前,即公司还未形成一定的组织构架前,虽然不是说每件事,但至少在大部分事务中,创始人都不可避免地要事必躬亲,不可将多数事情委托给他人。这也就意味着,创始人创业阶段几乎都会将自己所有的时间都花在工作上。而这时,也是激情发挥它作用的时候:只有激情,才可能让我们甘心情愿地付出和牺牲。我们必须准备好全身心地投入，竭尽全力，甚至更多！

在The Blonde Salad博客运营的前几年里，我是心无旁骛、全情投入于工作的。我几乎连运动健身也停止了——放弃了我最喜欢的事情之一。而且我每天都全方位跟随着琪亚拉参加一切活动。一开始，是我给她摄影，之后也每日陪她录影，同时我还负责与客人商谈。我一回到家，就整晚整晚地写邮件，而她则准备博客的内容……第二天早上又是一个新的开始。

我们很多时候都需要留在办公室里加班（很幸运，那时我们已经从起居室搬到了真正属于我们的办公室）。2014年，我们的新平台发布了。2016年，电子商务网站推出了。尽管当时我们已经拥有了自己的团队，但仍需要我们全力以赴、坚持不懈。实际上，在新项目的初始阶段，这样的过程也确实是常态！

我和合伙人开的Foorban在启动阶段的前3个月也是一样的：马尔科和斯特凡诺不知道有多少次都是睡在办公室的沙发上，他们还在办公室里准备了牙刷和睡衣。之后也是一样，比如，我们在位于米兰的亚马逊新设总部内的一个小角落开了我们的店面。这时，我和我的合伙人又开始一边经营着我们日常的业务，一边着手在亚马逊里开设一家小小的食堂。我们要安排工人安装冰柜、加热器以及购买其他必需品。即使从生理层面来看，创业也是一份让人忙到身体超出负荷的工作。

**我无法得到满足**①

我是觉得我们不该为了工作而活，但是与此同时，我也觉得工作可以带来巨大的满足感，并充实我们的人生。当然，这并不意味着，人们打着工作的名义就必须牺牲所有闲暇时间，更不用说是自己的私人生活了。我也从未想要这样的生活。但是，生命是由很多阶段组成的，也许在某些阶段我们是有意识地选择将更多的精力投入到工作中，而在另一阶段则选择把重心投放在其他事情上。最重要的是找到一个平衡点，即使不能全心全意地投入于工作，但也要记住，职

---

① *I Can't Get No Satisfaction*（《我无法得到满足》），是英国摇滚乐队滚石乐队在1965年发布的一首歌。

业上的满意度会很大程度地影响着个人的幸福感。如果工作未能给我带来成就感，那么我就会在生活中变得吹毛求疵、到处找碴……这点我朋友可以做证！

启动新项目的初期阶段是非常让人筋疲力尽的，这也是因为创业者在一开始很难评估自己的想法是否能够获得成功。在此情形下，数字可能不是个可以以此为基础的可靠的参数。事实上，有时候几年内也未必看得到在经济上有所回报。因为有时公司起步就需要很长的时间，基本上每天都在花钱，直到营业量达到了一定的程度，产生边际收益并能支付费用。然后，收入就产生了。也就是说，当业务正式启动时，市场给的积极反应应该是立竿见影的（当然，也应该考虑到业务的性质）。

我和我的两个合伙人是于2016年初创立的Foorban公司，但是那年的前5个月我们都在忙于创建应用程序、安装厨房用具、安排相关事务、招聘人员等，好让业务能运作起来。按我们的计划，最多5个月，公司就应该要开始营业，因为我们融到的资金只够撑12个月。换句话说，我们都知道公司在一定的时间段内可以无须进账，而这段时间有的只是成本。但是之后，慢慢地我们应该要开始入账。

事实上，事情比我们预期进展得更好。当我们一开始推出我们的服务时，就收到订单了。这多亏了一开始做的准备，以及我们在脸书和谷歌上进行的广告宣传，通过社交网络已经让潜在客户知道我们……简而言之，我们在推出前就已经创造了"嗡嗡声"。所以，从我们开始提供服务的那刻起，我们就开始开具发票，然后逐日成长。

**一步一个脚印**

做事想要做得好，这需要时间。比如，我考虑了制作鞋子以及配饰所需的一切，在这个我所熟悉的领域中我投入了很多的时间，这一切都因Chiara Ferragni Collection系列。

最初开始"输入"的人是作为该系列产品的创意总监——琪亚拉，她给出总指示，为设计师团队提供灵感。我们的设计师有的专注于运动鞋设计，有的则侧重于高跟鞋和配饰制造。而最初的指示是创作开始的基础，设计师们将他们的设计稿交给琪亚拉，由她负责筛选、修改以及定位这些作品。

  届时，琪亚拉会与生产总监、厂商以及销售总监一起召开一次运营会议。生产总监或许会提出："这鞋子很漂亮，但我们无法以低于多少的成本完成生产。"而销售总监也有可能会说："考虑到上一季的趋势，我们无法以多高的价格卖出。"在此次运营会议后，一次性决定所有需要出样品的系列，根据不同需求决定数量的多少。样品鞋之后将会分发到不同区域的销售部门（欧洲、亚洲、美洲）。

  每年春夏季系列会于上一年7月份展出，来自全世界的买手会检查样品并订购系列中不同的产品。而在9月中旬左右我们就会收集订单，但是在7月底，我们已经将第一批数据发送给厂商了。根据情况及趋势，那时厂商就已经开始生产一些款式，生产会一直持续到9月份、10月份以及11月份。到了12月份，生产商就会将订单货品发送到世界各地的商店里。这样，商店从1月份开始（打折季过后）就可以展示并且销售春夏系列产品。

  我想用一句话来总结这一段，那就是："鞋子"不是一天创造出来的，当然，好的项目也是！

## 马西米利亚诺·贝内德蒂（Massimiliano Benedetti）

> 网络企业家
> Yoox集团营销总监直至2012年
> 美国YNAP集团独立董事

在后数字革命时代，传统的朝九晚五的办公室工作模式已经不再能满足企业的需求。甚至是在最传统的企业中（在更具创新的企业中更是如此），人们也无法在办公室中坐等业务从天而降。我们必须要主动出击！正因如此，我总是建议大家要睁大眼睛看世界。此外，由于互联网的存在，信息的获取比以往要更加直接、迅速，为此探索新的视野以及寻求新的伙伴关系也变得相对容易。如果我得知某人在世界的另一端，但是他可以帮助我扩展业务，那么只需要点击几下，通过脸书、推特或邮件联系等方式，我就可以与他进行交流。之后或许只要通过在Skype上视频，或者搭乘飞机去到地球另一端，我就可以将我的业务额增加3倍……这些仅仅是因为我运用了正确的渠道。

我还记得在2005年的8月，Yoox公司刚刚创立。当时，我们在美国设定的目标十分激进,以至于我必须决定是要像平时一样待在办公室里工作还是去内华达州与Linkshare平台的创始人碰面,这样有可能让业务量在一年内增加3倍。很显然,我选择了第二种,事情也因此发展得很顺利……但是,仍然有很多人在相似的情况下,会选择倚在手扶椅上。而我很确信,在一个任何距离(包括正式社交距离)都在不断缩短的世界里,走出去寻找商机或扩大新的视野是至关重要的。我总是告诉与我一起工作过的团队成员们,如果他们整整一个星期都待在办公室里,坐在办公桌前,那么很显然他们正在犯某些错误。

因为我们这个时代每天都在迅速地变化,像过去那样制订计划和操作,显然已经不再适用。当我在担任顾问的时候,我总是念着这句口头禅:在没有风险的生活中,其实处处都是风险。我至今仍然坚信这一点,即使目前一切顺利,但是一旦你想坐下休息,风险就会立即追赶上来:一日之差,世界变化,你将无法,跟上步伐。这让我想起移动科技带来的变化,那些从事网络工作的人,在这科技爆炸的时代,他们常常因为没有准备好,而失去很多机会。

为了不被这些变化所吞没，我认为有两个策略可供采用。第一个策略是要始终保持高标准。即使你确信自己已经做得很好、很全面了，但是保持高标准可以让你更好地面对任何意外事件，并掌握更多的自主权。第二个策略是"曲线救国"，即从侧面进行思考。如果你不仅像其他人一样有能力看到在你前面笔直的道路，而且还可以看到道路两侧所连接的路。那么当主路消失时，对你来说会更容易明白需要采取什么对策。成功的关键就是：不要在变化来临时还没有准备好，而且要努力让自己更加富有想象力和创造力（我必须说，这一点意大利人可以做得很好）。

# 第五章

# 结伴同行走得远还走得快

## 第一节
## 论企业中人的重要性

**众志成城、齐心协力**

企业本身只是一个壳子，重要的是它所包含的团队。因此，想要打造一家成功的企业，就要为其奠定好基础，即要学会如何投资于人。这样做的前提不言而喻就是不能将员工视为一串数字，而是应该从始至终地尊重他们。除此之外，我也深信大部分的投资应该投在人力之上，因为如果你认为可以凭着一己之力建立、发展甚至创新一家公司的话，那么这想法实在荒谬。"自给自足综合征"是一种腐旧的创业心态，但遗憾的是，它仍影响着许多年轻的企业家。在我看来，这是极具危害的。因为，仅凭一己之力是不可能攀登上高峰的，要想企业成功，就必须打好基础。为此，建立一个有协同力、凝聚力的团队，是很有必要的。这比在团队中拥有优秀的个体更为重要。因为如果没有团队的支持，再优秀的个体都无法充分发挥自己的作用，那么他们的才能就会因此而被埋没和浪费。这就好比我们要让克里斯蒂亚诺·罗纳尔多（Cristiano Ronald，简称"C罗"）在一个毫无组织、准备不足的球队里踢球一样。如果没有人把球传给他，他也不可能会进球，那么签下他就是对巨额资金的一种浪费。

## 仅凭一己之力是不可能登上高峰的

我一直都有这样的信念，也将这种信念运用于我和琪亚拉在2011年创立的公司的名称选择上。我们给它取名为TBS Crew，这是因为我们都很喜欢"船员"这个概念。船员们一起踏上旅程，他们有朝着同一个方向前进的共同愿望。

当我们从什么事情都靠自己的初始阶段走出时，我们就决定要寻找一些工作伙伴。最重要的一点是，让自己身边围绕着一群志同道合的人。在小企业中，一群合得来的人不仅能让工作气氛变得更愉悦，而且也可以让公司业务运作更加顺利。据我个人经验，我不止一次地看到，在一个小团队中总有个别（且不说他能力怎样）很难相处的人，他们喜欢制造麻烦，将事情复杂化，而且还影响周围的人工作。自然，随着团队的发展，公司的动态和需求也会发生变化。比如在拥有50名员工的企业中，有1个出类拔萃的员工是好事，这种员工不管怎样都会找到能够和他建立积极关系的人。但是，如果员工只有15人，其中有1个拔尖的，但其性格或态度限制他无法与其他队友好好相处，那么还是不用此人为妙。

能够为企业营造一个令人愉悦满意的工作环境，不一定要卡在预定的计划中不敢逾格半分，这个理论也可用于团队的建立以及队员的选择上。首先我们需要知道自己是谁，然后将那些与自己志同道合的人安排在身边。我指的都是小规模的公司，或是那些随机性较高的公司，比如初创企业。因为在一家规模比较大的公司里，大家不可能装着都是朋友，然后相邀一起去练瑜伽吧！

## 第二节
## 与朋友一起工作

**从不与朋友……**

我从业经历中比较特别的一点,就是做到了友情与商业的完美结合。一开始,也算是巧合吧。我人生中第一个重要的创业——The Blonde Salad博客,就是与我当时的女朋友琪亚拉一起合作创立的。几个月后,工作负荷越来越大,我们邀请了一些朋友来帮忙。那时,我们还没有能力聘请员工。事实上,也是因为我们的商业规模很小,与专业摄影师或平面设计师合作也没有意义。反过来与那些相处融洽,令人愉快的人一起共事,效果反而更好。

就这样,我的朋友琪亚拉·马纳吉(Chiara Magnaghi)

加入了我们。她当时正在写她的法理学论文，但是她并不觉得一次只能做一件事。因此，她每天来我这工作几个小时积累经验，结束后再回去完成她的研究。而我，正好需要有人在行政和会计方面帮忙，就此我们一拍即合，她也就登上了我们的船。随着时间的推移，她对这份工作越来越充满热情。毕业后，马纳吉决定重新审视她对未来的规划，而不是按照原计划进入律师事务所见习。她跟我们一起工作了6个月，在此期间她明白了，这就是她热爱的工作。但与此同时，马纳吉也知道她需要在此方面进行专业的培训。因此，她去报读了"市场营销与广告"专业硕士课程。硕士毕业后，由于表现出色，她被世界知名的广告公司——萨奇广告（Saatchi & Saatchi）聘用了。马纳吉在新公司担任客户和项目经理，工作3年后又以同样的职位回到了The Blonde Salad。

但是，事情也不总是这样顺利，我确实在一些个案中也有过不好的经历。我与一个朋友在一次富有成效的合作之后，关系开始破裂，最后一切都分崩离析。工作与友情一起翻船也算是赶巧了吧。在其他事例中，一些朋友过来和我一起工作，之后，每个人又踏上了自己的路，但没有任何的异议分歧……即使我们不再合作了，但我们仍然是朋友。

实际上，我在选择共事者时，与个人综合优势相比，友情这个因素从未胜出过。无论是为了公平、诚实，还是出于公司的利益考虑，我是绝对认为为了友谊而雇用一个人，非明智之举。但是，如果这个朋友是真的十分优秀，那我们为什么不把他收入旗下呢？对我来说，朋友也是非常重要的资源。我的朋友圈基本是在读大学或者在最初的工作经历的基础上形成的，所以在大多数情况下，我们的背景相似，都属同一领域，相互了解对方能力。

当然，当我需要招聘人才时，我不会利用自己的熟人圈。我会通过传统的渠道寻找人才，分析他们的简历，仔细研究并进行面试，尤其是在公司业务规模相对稳定时。然而，在公司初创阶段，工作与个人生活几乎是完全重叠在一起，我们很难分辨出两者的区别。因为，不论是白天还是黑夜，我都和同事们在一起工作。身边围绕着的同事是不是相互了解，都具有强烈的同理心，都希望对方好，是不是相互信赖，这些都很重要。至少对我来说，这一点很重要。就拿Foorban作为例子，我的合伙人是我最好的朋友的这个事实，让我们在一起的时间变得更加轻松愉悦。最初的那些艰辛的付出，也让我们甘之如饴。

从个人角度看，风险就是或许有一天朋友间的关系会破裂。因为每天工作都在一起，所以在闲暇时，你可能会更愿意跟其他人在一起。不是因为你不再希望他好，而是因为你们真的需要分开一下。

## 团结就是力量

从我的创业经验来说，另一个创业特征就是从不单独启动项目。我是一个十分善于社交的人，懂得从"需要带领团队往前进"中吸取力量。我一直都是这样，总有想要有所担当的意愿倾向，我的朋友们总是等着我来组织旅游或者聚会，因为一直都是这么做的。我也喜欢去张罗，否则我会觉得自己无用武之地。如果有人需要我推动，那么我就会对此负起应有的责任。当面对前方的荆棘时，如果只有我一个人，以我的性格来说，我会更容易放弃。

出于这个原因，我很高兴有一些合伙人。因为我喜欢与人结伴而行，大家可以一起分享旅途中的各种经历和收获。另一方面，比起分享满足的喜悦，分享失败和失望，才真正使拥有合伙人更为重要！因为只要一起面对，一切都会变得更好。当然，有时也会碰到那些落井下石者，但是，我通常都认为与他人一起经历，分享初创以及管理项目的挑战，就是一种积极举措。尤其是与那些跟我们具有互补特质的人一起共事，他们能弥补我们的不足，帮助我们成长。

不仅如此，比起单枪匹马，员工在一个团队中有可能发展得更加快速，也会在更短的时间内，将事情做得更加圆满。而且我喜欢有个可以交流的人，就像以人为镜可知得失一样，别人的观点对我来说一直都是很重要的。在我身上就发生过好几次，在与人交流后，即使我之前是那般深信自己的观点，最后我也会改变原有的想法的经历。

这一切在企业初创阶段，是非常重要的。当一个项目开始时，大家都以相同的方式，全心投入到工作中。我们每个人都知道自己不仅仅是为了带一份薪水回家，而是想要创建一些东西。

然而，具体情况因人而异，因为不是每个人都喜欢有合伙人或者都能够有合伙人。这一点不仅适用于商家，比如服装店、餐馆、电商网站等，也适用于那些超级技术创业公司的创建者。因为有些人比起拥有合伙人，他们更愿意等，等到自己可以统揽全局（即使这就意味着得放弃一些机会）；而有些人则相反，他们的潜力只有在与团队一起工作时才更能被激发出来。

选择与人一起创建公司也会存在一些负面的因素，这点不可否认！我们有可能对自己的合伙人评价有误、认识不够，原因很简单，人心难测或是随着时间，身边这人改变了。其实，随着生活中不断经历各种各样的事情，人也是在不断地变化。那些我们认为很了解的人，有可能在金钱面前，就会变得不一样了。

然而，在我看来，有个合作伙伴最大的风险就是：在某个点，你们不再是之前的利益趋同，不再朝向同一个方向。那个时刻，我们不可避免地进入了摩擦阶段。当然，有很多的方法可以摆脱这种情况。比如，公司章程和股东协议等都是用于规范合伙人之间的关系，防止合伙人之间的冲突或是帮助已经发生冲突的人走出困局，保护公司利益。刚开始时，人们可能会感情用事，认为这一切都会变好的，但是这个过程不应该被忽视。我们必须采用专业人士的建议，他们会帮初创企业者勾勒一个十分清晰的愿景，并为在企业进化中会发生的一切问题提供解决方案。就像在任何类型的关系中一样，一开始不可能准确预测出这个项目最终会怎样，或者我们自己在这一过程中会发生什么变化，因此制订明确清晰的协议是至关重要的。

## 第三节
## 领导模式与自我管理

**领着他人做大事**

无论是单打独斗,还是与合伙人一起创建一家公司,如果你想让业务顺利发展,就需要学会如何用人。在公司初创阶段,企业家必须将至少一半的时间用于人力资源管理。在此情况下,随着多番的尝试和不断走错路的经历,创业者也就慢慢地练成一身技能。一开始,他们有可能将过多的业务委托给了一个错误的人,有可能是高估了某个人,然后又低估了另一个……这些都是教我们如何减少错误的经验(要知道完全不犯错误,即使是可能的,也是十分困难的),而指导方针就是将具有互补特质的人放在一起,以避免冲突。一个紧密团结的团队里不可能每个人都是攻击者,也不可能每个人都是防守者。在这样的情况下,知道如何调配不同的员工是十分重要的。

然后,一旦做好选择,就必须得管理好他们。在过去,成功商人的形象几乎总是与一个咄咄逼人的专制人物的形象重合。他们总是不断地在刻画自我,然而,到了我们这一代的企业家则多了一份随和,也更具协作性。区别就在于,从一个boss,即施令者,变成了一个leader,即引领团队的人。

而我认为这两种行为模式之间的选择,很大程度上取决于个人的态度。比如说我,即使是我想,我也无法变成一个boss,因为我个人十分富有同理心。也正是因为我个人的秉性,当在必须要重新起用一个犯过错误的人时,我无法做到这一点,即无论如何我都不会完全信任他。我会将他带到一边,让他明白哪里错了,并向他说明我不满意以及失望的原因。这个过程更加人性化但无疑会更耗费精力,不过幸好最终总是带来积极的结果。尽管如此,我也不愿完全妖魔化boss的形象,因为现实总是提醒我,有时在某些情况下,对某些人来说，它可能才是最有效的方法。

在组建一支高效的、有凝聚力的团队时，还有一点很重要，那就是提供清晰准确的信息，以便每个人都知道他们的职责和活动范围。只有这样才能防止冲突，相互之间不会觉得对方越级。这也是一种激励员工的方式，让他们知道自己有一个明确的角色，并清楚地知道公司对他们的期望是什么，哪些是他们必须要达到的目标。重要的是，每个员工都应该了解公司的一般情况，同时明确界定个人的职责。责任是最好的激励方式，而火中取栗绝非是好主意。如果知道一个人没有能力做此事，就必须重新调整他的岗位，而非是将他的工作揽来，说"我来帮你"，这样对谁都无益。

## 第四节
## 人力管理

**责任是最好的激励方式**

激励自己的团队,最重要的是领导者需要与其员工共享信息。在过去,管理者通常会利用信息作为权力的一部分,他们并没有意识到这会对工作流程产生负面影响,从而降低工作本身的质量和速度。

另外,在多数情况下,我们不可能只分享公司的目标和结果而不分享果实。如果公司发展远远超出预期,那么员工也有权获得奖金。我相信,在个人生活中,钱本身不是我们的目标,而是我们获取其他物资的媒介。而在职业生涯中,它则是一种满足感的体现。如果一名员工认真工作,并取得了比预定目标更好的结果，那么给予经济上的奖励是认可他最有效的方式。另一方面，如果员工按照正确的方式工作，但是目标却未实现，那么员工也不该受到责罚，因为导致项目未成功的变量有很多。然而，如果目标未能实现是因为相关的工作人员没有尽职尽责，那么就有必要重新考虑他的职位，合理规划。如果在一个由10个人组成的团队中，9个人都尽职尽责，只有1个人懒散怠工，这时候如果不对此人进行干预，那么其他所有人都会感到沮丧泄气。你要知道，经济的激励本身并不是一种奖励，而是通过这种方式来识别员工的高下。

我认为，以大型公司的逻辑来思考，所有这一切看起来都顺理成章，因为大型公司决定是否给予员工奖金的管理者所支配的资金并不是他自己的（即便如此，我们也很清楚，我们不可以如此理所当然地索取）。但是对于小企业家来说，这是一个十分微妙的话题。因为这样的一个决定可能会让他做出重大的个人牺牲，所以，这就成为一个需要再三思考的策略选择。

当然，还有很多其他的方式可以激励员工好好工作：有些创业公司，每个员工都可以参与公司的利润分配；还有一些被公司认为具有战略意义的员工，公司给予报酬的方式是通过股票期权（stock option），就像Yoox公司一样。据我所知，该公司将要被历峰集团（Financière Richemont）以50亿欧元收购，一旦收购完成，员工手中就会拥有该公司千分之一的市值。

除了这些，还有一些"活跃有趣"的激励方式。例如，公司旅行、团建活动、体育比赛或者每周鸡尾酒小聚等。这些活动与公司的主营业务无关，但是可以让团队更加融合，也使工作越来越高效。

**至死不分离**

在公司刚刚成立时，创业者不仅仅要关注与员工之间的关系，还需关注与那些有利于公司发展的其他公司的关系。在这方面，最好的办法就是建立长期的合作。当想要在一起做生意时，就需要认真对待自己的合作伙伴，我觉得在某种程度上，这种关系可以与"婚姻"关系相比较。因为一开始都是这么想的：双方正在进行的这项业务不可能在12个月内全部结束，两家公司的合作也可能不止这一次，所以那些为了短期利益而利用合作伙伴的行为是不明智的。除此之外，如果我们的合作伙伴不傻（当然是期待他不傻，如果我们已决定要与他合作），他知道中长期合作才有可能让一切付出有所回报，他自然是第一个想要与我们建立稳定的合作关系的人。

回到我自己身上，在和琪亚拉接受了销售经理洛伦佐·巴林德利的建议后，我们与Chiara Ferragni Collection品牌建立了长期、稳定的合作关系。

当我告诉我母亲，我和琪亚拉打算打造一个配饰品牌时，一直在服装领域工作的母亲建议我去与她认识多年的洛伦佐谈谈，就这样我和洛伦佐相互认识了。尽管我们年龄上有些差距，但是一谈到工作上的事情立马变得惺惺相惜，没过多久，洛伦佐就成了我们的股东。我从他身上学到了很多东西，因为洛伦佐与我的大部分同龄人相比，他的思想要年轻得多，与此同时他还有丰富的经验。我一直都觉得这种特性十分有价值，也让我自己深受启发。毕竟，在我们开始合作的时候，我还是个没什么经验的年轻人。

## 为企业选择最具建设性的经营战略

得益于洛伦佐非凡的商业直觉，我们决定通过给予Chiara Ferragni Collection生产商公司股份的方式，让他们完全参与到我们的项目中来。这样做其实有很大的风险，但因为厂商负责人帕斯奎尔·摩格斯（Pasquale Morgese）在多年合作中的表现，我们觉得他完全当得起我们的信任。在第一次参观Mofra Shoes的鞋厂后，帕斯奎尔就表明了他想投资并投入到我们的新项目的意愿。帕斯奎尔对我们如此有信心，这也使我们能够更快速地成长。在合作生产的第一季度，帕斯奎尔拍板决定生产比订购量还要多的鞋子，因为他确信在那一季中，商品一定会很快售罄，并且需要追加补货。他冒了很大的风险，因为如果他的预测有所偏差，那么将会有大量的鞋子卖不出去，这对工厂来说是巨大的经济损失。幸运的是，帕斯奎尔的冒险最终得到了回报。第一季度结束时，我们不仅卖完了首次订购的鞋子，就连之后补的货也一售而空。

找到一个十分看好你项目的合作伙伴是至关重要的。依我个人的经验，这是我们在选择合作伙伴时应该要考虑的最重要的因素，而不是停留在一些肤浅的评估上。比如，只考虑到他值得夸耀的与其他知名合作伙伴的关系。帕斯奎尔让我相信，为了整体的利益，就算是月球他也会登上。实际上，在我们开始合作后不久，他就专门为Chiara Ferragni Collection系列购买了另一家生产工厂。如果这都不能表示他的诚意，那么……

选择最具建设性的合作伙伴关系，这一战略十分重要。举个例子，在The Blonde Salad博客的早期阶段，我们经常按零预算进行工作，因为这样可以与名气高的品牌进行合作，以帮助我们塑造公司的形象。换句话说，我们决定牺牲一些眼前的利益，但是把目光放得更加长远，聚焦在那些能带来更加重要的效果之上。当时已经有很多其他公司希望与我们合作，但是我们在选择合作伙伴时，非常谨慎，即使以免费的方式也要与那些在时尚界举足轻重的人物和品牌合作，为的就是打响我们自己的品牌。

The Blonde Salad的今天以及它在国际上获得的认可和信誉，都是做出正确选择的成果。总结上文，我想说的是：建立一家公司，有时意味着为了长久的建设和发展，必须选择放弃眼前合作带来的经济利益。

## 马泰奥·萨尔扎纳（Matteo Sarzana）

Deliveroo意大利总监

Deliveroo是一个全球品牌，但它同时也是一个超本地化的企业。这个事实说明了一点：品牌在任何地方都一样，它都要与当地商业情况相结合。而Deliveroo表现得更是如此，因为从事的是食品行业——也许这是最需要本地化的体现。实际上，即使在同一个国家里，就像意大利，饮食习惯也可能截然不同。这就意味着企业必须将在世界各地提供的一致的服务与在完全不同的市场上所采取不同战略的需求相结合。就此，我们就面临着一个二分法，即，一方面需要表达品牌的理念，另一方面要根据经营所在地的各种习惯去弱化它……只有在对当地的风俗非常了解的情况下，才能做到这一点。关注当地的商业情况也很重要。比如，与其他国家有所不同，意大利的连锁餐馆很少，因此Deliveroo必须逐一创建和处理与当地企业的关系。在这里，碎片化表现得十分明显。我们需要创造一个大格局的平衡，以便整体的情况不被忽视，但是同时也需要将目光凝聚在本地的框架上，因为这才是推动商业发展的巨大动力。

像Deliveroo这样的公司可以采用3种不同的杠杆来进行运作：提供服务的价格、可供的选择（即与我们合作的餐厅的数量和质量）、提供的服务。前两种杠杆，任何公司都可以采用。当然，我们的竞争对手也完全可以复制我们这一模式。但是要在第三种杠杆上产生一些影响那是十分困难的，因为它代表的是公司的"DNA"。正因如此，我们始终都不会忽视为我们的客户提供优质服务的重要性。通过我们的应用程序下的订单，每次递送收取固定的费率是质量的保障。如果在管理或是递送订单过程中出现问题，我们的工作人员会尽快解决问题，以便给客户留下积极和满意的体验。显然，服务这个概念要全方位去理解，它不仅是指在面对客人时的表现，更重要的是将合作伙伴以及为我们工作的每个人都当作服务对象。

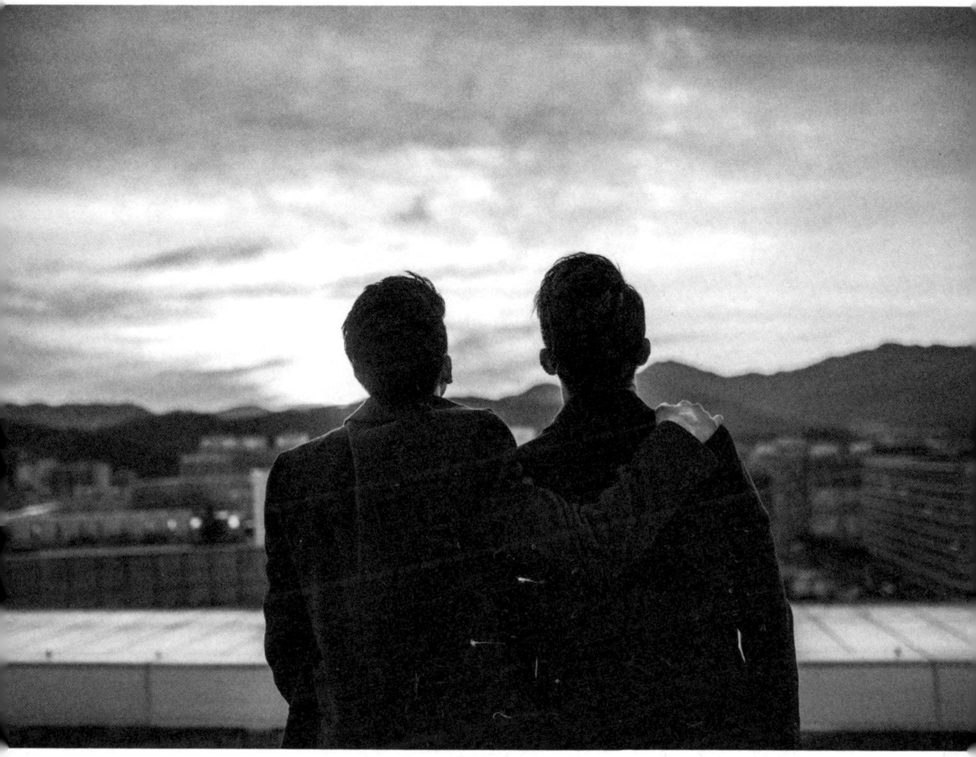

# 第六章

## 意大利人更擅长于此?

# 第一节
# 进入全球市场

**世界真小！**

不管你是讨厌还是喜欢，全球化已成事实。谁想要经商，就必须遵守游戏规则。当然，在合适的条件下也可以考虑去改变游戏规则。但是，如果你能够正确地了解它，并遵守它，那么获得成功也会变得容易很多。

如今，由于通信技术的发展，大部分的界限已不复存在。这不仅仅是指那些与互联网直接相关的业务，因为根据定义它们本身就没有界限，这里指的是其他的商业活动。例如，奢侈品品牌的同一件商品，根据销售区域的不同，价格也会不同。不过，这一切都逃不过消费者的眼睛。首先，消费者可以通过简单的互联网搜索，轻轻松松找到相关信息。其次，他们可以将商品轻而易举地从一个国家运到另一个国家，这种商品的规模化运输在几年前是完全想象不到的。

简而言之，全球化打破了所谓的"国家优势"：由于地理限制而产生的进口阻碍不再存在。因此，对于企业来说，不可回避地必须立即以全球化的视角去思考。如今，无论谁想要开始一项商业活动，都必须要考虑到在世界另一端可以找到的一切。否则，一开始与其他玩家的竞争就会被限制规模。不仅如此，你要知道所有竞争者从一开始就存在，这样的竞技场才是最大的竞技场。对类似情况选择封闭或僵化危险是没有任何意义的，考虑其蕴含的机遇才是明智之举。当然，放眼全球，感受到的竞争自然也更多，有更多的"掠夺者"来我们的市场偷走一块蛋糕……但是，我们也可以"礼尚往来"，借助这个机会在世界的另一端偷走一块蛋糕！在起步时就排除这么好的机会，我想大多数人都不会这样做！此外，市场竞争如此激烈，通常只有广泛的业务才能生存下来。所以，有许多公司营业额高到难以置信，但仍然没有边际利润，他们必须征服了一半的世界才能实现盈利。美国知名科技公司Uber（优步）就是这样，食品配送企业Deliveroo公司也是一样。Deliveroo公司的边际利润非常低，以至于它必须要在全球数十个城市搭建配送链才能够优化规模经济，达到真正的高效。

通信革命使世界不再有边界这个事实，也意味着各种文化正慢慢地变得统一。我当然也不会漏谈它消极的一面，那就是失去了具有地方特色的林林总总。但是，我也意识到，正因为如此，人与人之间相互沟通和理解变得容易许多。这一点从商业角度来看，绝对是一个优势。比如说，美国连锁品牌星巴克已经在世界各地出口咖啡文化，这意味着，如果现在有人要推出另一个很酷的咖啡品牌且质量上优于星巴克的话，这种想法是可行的，因为科技让世界知道某个品牌的价值变得容易多了。总之，如果可以将自己的商业活动融入到这种全球文化中，从一开始就以国际的格局去思考自己企业的认知度和竞争状况，那么机遇就会无穷无尽地涌现出来。

**全球性思维**

在启动一个新项目时，我们必须始终在脑袋里有这么一个想法：它有可能发展到世界各地。如果我们在发展的过程中再去改变，想要使原来的创意去适应全球化的大环境，情况会变得复杂很多。当然，有一些企业是属本地化的，但即使这样，这个大原则也还是有效的。无论你做什么，一个卓越的本地化企业，哪怕是米兰市中心的酿酒厂，也有可能成为一家连锁店，在城市里开设很多的销售店面……之后的事谁知道呢，或许最终它会成为全球特许经营企业！

这种理念指导了我所有的创业抉择，如今依旧在指引着我。比如说Foorban，我们已经在思考继米兰之后的下一站。这种全球化理念使我们不再倾向于其他意大利大城市，如罗马或都灵，而是更中意于国际重要的金融中心，比如法兰克福或摩纳哥。诚然，选择它们情况会变得更复杂些，但是自然也会有更多的机遇。做出这样决策一方面是出于文化特点的考虑：金融城市的消费者更习惯于将午餐带到办公室并会快速用餐，甚至有可能在电脑前用餐；另一方面则是出于物流因素的考虑：送餐速度是最根本的，在像罗马这样一座大而混乱的城市里，情况将会更加困难；最后，要考虑实用性：我们的主要客户是那些从事商务工作的人，而在意大利的其他城市，商业企业并不如米兰或者法兰克福、摩纳哥那般集中。

从一开始这就是我们的理念，大家可以从我们企业的名字中看出，它并不是以意大利语命名。确实，说到烹饪方面，意大利美食名声很高，但我们想要Foorban更具现代化和国际化，这样当我们向国外拓展，并根据其他国家的饮食习惯调整菜单时，可使我们继续被大家信赖。

The Blonde Salad博客也是如此：当时我们也是选择以英文命名，从一开始制作的内容也是用英文。或许这样很平庸，但这个平庸却十分重要。因为从第一天起，我们就想象全世界的人都可以浏览和访问我们的内容。我们并不仅限于将单个市场作为我们的考虑对象，用英语制作内容会带来一系列的技术性的有关索引，以及在搜索引擎上可见性的重要反响。这不仅仅是为了能够捕捉到个体读者，并用他们能够理解的语言浏览我们的内容，而且可让他们在整个网络结构上，以不同的方式认识到我们的网站，这也是为什么其域名为TheBlondeSalad.com而不是TheBlondeSalad.it[①]的原因。

出于上述原因，我们没有编辑意大利当地的信息，因为它们不是全球所关注的内容。我们的内容都是国际性的，通常都是美国的，因为它最能吸引全世界的目光。

当然，全球视角也绝对不能忘记当地市场的特殊性。Chiara Ferragni Collection 是一个十分有趣的例子，它展示了为全球市场设计的产品是如何能够适应各个国家市场的不同需求的。例如，为亚洲生产的鞋类产品其鞋跟较低，因为一般亚洲女性脚偏小，且不喜欢鞋跟高于6厘米。这就意味着要适应其需求——这可不像想象中那么简单。不仅鞋跟要相对较低，而且鞋帮也较短些。因此，我们的产品从概念起就是一个全球性及横向的产品。也正因为这个原因，它们能适应世界上各地的市场。

① .it域名后缀是一个代表意大利的扩展名。

## 第二节
## 了解自身的独特性

### 差异产生美

企业如今面临的激烈竞争只能通过差异化来绕过,这是企业获得市场份额立足于世界丛林的重要途径。营销大师杰克·特劳特(Jack Trout)在他著名的"差异化或死亡"规则中总结了这一原则。

当我们创建Foorban时,马尔科、斯特凡诺和我都牢记这一点,我们试图想出一些与当时意大利市场已有的完全不同的东西去填补市场的空白。在有了最初的创意后,即尝试在米兰的送餐领域做点什么后,我们考察了市场,觉得还是有很多的机遇。我们发现,已经在这个领域经营的玩家规模都很大，而且根深蒂固，最重要的是这些企业背后的投资者拥有雄厚的资本。因此，我们从不去想在他们的领域去追赶他们，因为最终也只是亦步亦趋，损失惨重。更重要的也是因为我们有限的资源（与其相比之下）不允许我们如此。想要成功，唯一的方法就是尝试做一些不同的事。

## 企业如今面临的激烈竞争只能通过差异化来绕过

首先，我们发现了竞争对手的弱点：午餐的配送。造成这点的原因是因为他们相同的商业模式——客户通过智能手机或电脑读取到餐厅所提供外送的所有菜单，然后在提供的菜单上勾选自己喜欢的菜品下单，之后就是等待送餐上门。这样的流程对客户来说很繁琐，而且拉长了送餐的时间。一般来说，需要点午餐的人大部分都是在办公室里的上班族，他们利用午休时间用餐。因此，他们需要的是快速、方便，不希望因为菜单花样太多，而让自己陷入选择困难症中。总之，午餐只需要一份简单明了的菜单，食物营养健康、清淡美味。我们明白我们的产品必须要反映出这些特质，并且在速度和使用操作方面脱颖而出。

自然，在宣传策略上我们也必须采取完全不同的方法：因为其他玩家资金雄厚，可以采用十分激进的方法（铺天盖地的广告活动，广告海报覆盖公共交通工具以及建筑物的外墙），而我们则反其道而行之，即我们的宣传基本是建立在社交网络上的口碑。另外，我们的竞争对手也无法针对食品进行宣传，因为他们提供的是不同餐厅准备的食物。所以，就会出现有些客户在家中吃到由这家餐厅烹饪的美食，那么他们自然会给餐厅好评，而并非是给负责送餐的公司。我们做到了其他玩家无法操作的事：自主烹饪并快马加鞭送餐上门，这在米兰城里绝对是独一无二的服务。

现如今已经有人在复制我们的模式，而非开创他们自己的路。但是这也很好，因为没有人规定你在做的事，别人就不可以做。市场无论多么拥挤，还是有空间的，我们也可以试着尝试将别人已经开始在做的事情做得更好。但是，原则上，独特性是获胜的武器，特别是在缺乏资源的情况下。

## 第三节
## 意大利商人的品质

**真正的意大利人**[①]（但是手里没有吉他）

正是因为需要做些有别于其他所有人的商业活动，特别是在全球化的背景下，意大利品质可能是一个重要因素。在我看来，全球化正给我们带来优势：它激发出人们追求质量、打造品牌的一种需求，意大利制造的价值在全世界范围内都是得到认可的。从某一方面来说，我们并没有很好地利用它。在某些领域，意大利品质确实被认为是高质量的代名词。比如在时尚领域（在我们历险初期，琪亚拉和我都是既

---

[①] 意大利流行歌曲中的经典歌词，是意大利歌手托托·库图诺（Toto Cutugno）在1983年圣雷莫（sanremo）歌唱大赛中的参赛曲。

得受益者，因为身为意大利人这个事实，已经使我们在世人眼中多了几分信任），又比如饮食领域、汽车或高科技等领域。总之，在所有设计和产品领域，意大利商人都有很好的口碑。

但是，我认为大家也不应该对此存在意识偏颇。我们曾经或者当下都犯过类似的错误：认为只要是意大利人就够了，就算向全世界展示出的是一个意大利式的陈旧老派形象也没关系。实际上，我们国内的市场很小，几乎无法满足企业的需求，所以向外界传达我们的理念是十分重要的。我们要告诉全世界，意大利制造代表着现代性、研究、创新、设计和优质材料。然后，我们需要努力，让大家知道意大利品质不仅仅是一种风格、品位、技能，而且还是敬业精神（通常在世人眼里我们就缺乏敬业精神）。

## 第四节
## 社交媒体在全球市场中的重要性

**跟随我**

  正如我之前所说,全球化使市场竞争越发激烈,因此让客户找到我们并非那么简单。但是,与此同时,社交媒体的出现为每个人提供了一个成本不高的工具,让自己可被潜在的用户所知。通过它,不仅可告知大家新产品的推出,还可以让用户之间互动娱乐。总之,我认为社交媒体是一个神奇非凡的工具。正是因为将公司呈现在社交网络上的效果显著,所以十分有必要了解这些机制,并将它们管理好。这里面有许多学问。

  首先，不要忽视社交媒体这个概念，它之所以被称为社交的媒体，那么核心自然指的是人。有时候，我会向那些正在社交网络上迈出第一步的公司提供咨询。例如，当他们的粉丝对他们上传的3张包包的照片不喜欢时，他们会觉得很惊讶。但对我而言这并不奇怪，因为我清楚，想要使内容变得有趣，就必须引用某人的故事。从某种意义上讲，这些媒介已经全球化了《老大哥》①的概念，或许你可以将它视为先行者。在这种机制的基础上，人们有了这样一种理念，那就是一个陌生人可以成为一种传播媒介。只是在这种情况下，这个陌生人是通过已经存在的媒体——电视，成为传播媒介。然而如今的数字技术可让我们每一个个体都成为自媒体。

  这种类型的传媒应该瞄准真人故事的力量，因为现在的人普遍认为真实的故事比那些虚构的要有趣得多。依照这个目标，照片墙是最合适、最正确的工具。因为在推特上最合适做的是创建信息并与客户建立关系，而在脸书上创建的页面就如一扇窗，透过它可以看到企业的小世界，当然也利于

---

① 意大利一档社会实验类的游戏真人秀，一群陌生人以"室友"身份住进一间屋子，24小时用镜头记录下他们的活动：提名、竞赛、投票、淘汰等，并剪辑播出。

被找到。因此，我认为照片墙是叙述故事的最佳之地。如今的消费者都是搬好板凳等着听企业故事的人。

在网上做宣传的人必须牢记这一概念——社交媒体并非完全相同。我们心里必须清楚地知道，想要对自己的听众，即所有的目标客户说些什么，之后要根据使用的社交网络来进行不同形式的宣传。每一个社交媒体都是一个独立平台，具有自己的特征。将"全球化"这个耳熟能详的概念应用于该领域，可以理解为信息是全球化的，但是宣传的方式却要遵守每个社交媒体的"区域化"的逻辑。同是叙述一件事，但在照片墙、脸书、Youtube上，必须使用不同的语言……这就有点像将同一个信息翻译成不同的语言。

如果没有能力叙述故事，无法娱乐你的听众，那么我认为最好还是不要出现在社交媒体上。当我看到商家在照片墙上的粉丝量只有几百人时，我觉得这会给人留下非常不好的印象。

**面对面回应**

当然，我们必须善于和客户互动，接纳他们给出的批评，并学会以正确的方式回应。在这种情况下，我认为依据人与人面对面讨论时普遍遵循的道德准则即可。如果有人以一种自命不凡的高姿态，纯粹为了辱骂而去批评产品，那就没有必要回应。作为一个品牌的创立者，我认为有些批评不值得关注。说实话，面对辱骂，我甚至不会在个人层面上去回应。如果批评是基于对购买产品不满意的情况下，那么公开回应，给其更换没有缺陷的产品就是适当的做法。

在此情况下，社交媒体也给了企业向大家展示企业售后做得很好的机会。没有必要害怕出错，也不需恐惧批评，我觉得真正应该害怕的是不知道如何处理错误。为了避免这种情况的发生，我们必须要捍卫自己所做的事情，而不是以"客户永远都是正确的"这个逻辑的名义，屈服于任何类型的批评——企业抉择必须被捍卫。

我使用社交媒体经商（不仅限于此）很多年了，我明白不管是私人还是企业，我们都必须努力去了解谁有理或谁没有理。一方面社交媒体给我们提供了巨大的商机,另一方面某些人利用社交媒体,释放出负面信息,就如硬币的两面,无法杜绝。在The Blonde Salad博客创建初期,我晚上经常无法入睡。当时我和琪亚拉都在忙于创新,忙着在一个如此精细微妙的时尚领域中创造新的东西……与此同时,我们也在坚持面对面回应顾客。说实话,那段时间,你很难想象世界上还有哪两个人比我们受的批评还要多。一开始我总是试图与那些带着恶意攻击博客的喷子理论,但很快我意识到,浪费时间和精力去做这些无益的事一点都不值得。我无法取悦所有人,也不想说服每个人,就这样吧。当你登上舞台时,就需要知道你将会招致某人的敌意。这是游戏的一部分,你必须接受它。

这只是社交媒体中存在的众多扭曲之一,也是在社交媒体使用中,必将会遇到的问题和挑战。但这并不会削弱它的力量、实用性以及其他方面的美好。我们应该学会如何使用它。

## 伊曼纽拉·普兰德利（Emanuela Prandelli）

博科尼管理学院市场营销教授<br>时尚、体验与设计管理硕士主任

一个产品或一个品牌在市场中的定位是一个十分重要且敏感的战略决策。因为一旦决定下来，那么它就代表了该公司竞争优势的最基本的驱动力。

与竞争对手的较量实际上是一种判定企业是否能够以一个明确且独特的方式将自己定位，并让客户第一时间感知它，然后在他们的思维模式中建立强烈的偏好元素的方法。这些元素不仅基于优质的产品，而且还基于无可挑剔的服务及重要的消费体验。这一切都引导着不断变化的消费者做出他们的选择。首先，公司必须要具有市场细分的"外科能力"，因为如今企业面对的是由铰接式信息造就的大数据生态系统；其次，公司还必须具有另一个更为重要的能力——确定目标，因为这个目标之后将会指导公司的每一个决策和行动，以创建和巩固公司设定的形象（公司的基本资产）。想要做到这些就意味着有时需要放弃短期的利益，为了避免

损害自身信誉，保持长期在细分市场中的，让人感觉享有某种特权的独特性。当然，我们还需要充分了解品牌延伸的策略，这是为了避免让关键客户感受到任何形式的原始品牌替换或者稀释。

换句话说，如果企业在上游没有一个准确的参考目标让人可识别，那么在下游就会让人感到该品牌具有"精神分裂症"。人们会觉得困惑，甚至恼火，这样实际上就是在损害企业的可持续性。如果这点对于任何行业的任何公司都是一样，那么更不要说，它对时尚以及奢侈品领域的影响了。因为在该领域中"形象"不仅对定义一个品牌的"DNA"十分重要，对创造消费偏好来说，也是一个关键因素。在时尚领域中，这类消费被定义为某种象征。品牌价值是否能被体现与它本身能够传达的真实性和排他性是不可分割的。

BANK
economy
MONEY
$100
pecuniam
FINANCE
CURRENCY
Business

# 第七章

# 企业的自我定位与创新

# 第一节
# 学会说不

**不断被选还是主动选择？**

不管是日常生活，还是职业生涯，到处都充满了选择，我们每个人对此都有过体会。创立公司并在早期阶段对其进行管理，这些经验教会了我：在这个阶段做出的选择对公司定位、建立以及赋予品牌信誉，都是十分重要的。这就意味着要很好地评估与合作伙伴的关系，每一步行动都要小心谨慎，有时也需要学会说"不"。

2010年，在博客创建的几个月后，我就有过这样的经历。当时琪亚拉在米兰时装周期间应邀到意大利一家很火的电视节目担任嘉宾，对时装秀进行点评。接下来，该节目组就问我们是否有意作为评论嘉宾长期合作。这个提议十分吸引人，我们都知道这会让琪亚拉变得更加出名，当然，这也会给我们带来一大笔收益。这个提议在当时完全出乎我们的意料，对于刚刚起步的我们来说，拒绝如此好的机会听起来几乎如同疯了一般。不仅如此，参加全国如此重要的电视节目也必将大大提升The Blonde Salad博客的知名度，这会比其他任何另一种宣传都来得有力。

然而，经过反复思量，我们想到如果我们接受了邀约，将与我们对企业长期发展方向的期望相悖。最开始，我们想的就是成为时尚界中的一部分，而非演艺界的一员。当时我们确信欧洲时尚圈就是一个势力圈，相当的封闭，已经很难接受像琪亚拉一样的博主。如果在她的简历当中还有电视节目这一笔，那就更是"雪上加霜"了。当然，说"不"是有代价的。当你要说出"不"时，是真的很难。现在我们再次回首或是作为局外人来看，它又似乎变得很容易了，但是，当时的我们心中确实充满了害怕和忐忑。

从这个意义上讲，我真的很佩服那些勇于追逐梦想，对旁的一切都说"不"的人（甚至是对那些来得快的收入）。

我想我应该是做到了,就算我只是做到了一部分,那也是好的。也许也是因为说到底,我自己都不知道"我生命的梦想"是什么。所以,当我将自己与那些早已确定了自己梦想,并决定心无旁骛地去追求它(不在意眼前的收入如何)的艺术家和运动员进行比较时,我由衷地尊敬他们。特别是他们能够经得起诱惑,耐得住性子,不被一些机会误导,觉得这可能是最后一次机会了的表现,要做到这些是相当困难的。这需要深刻地认识到一点:如果能张开双臂去迎接机遇,那么生活中机遇永远都不会缺少。

这就是为什么我认为与The Blonde Salad博客发生的这一切,就是我人生的机遇。当然,我很幸运,也有些先见之明。一列火车开过,我跳了上去,就此开始一砖一瓦地建造些东西。如果你始终保持一定的好奇心和开放的思想,去观察世界如何变化以及其发展的大方向,那么你就不可能看不见,也不可能抓不住这一个接一个的机会。

当然,某些意识源于经验。说回到那个"不"字,我必须承认,事后更容易说出:我们做得好,放弃了送到手边的知名度和金钱。但当时,还是十分害怕的。我们整整考虑了两个星期，这其中的担心和纠结还有一部分是因为对新环境一无所知，怕不了解行内规则，怕踩到某人的脚而不自知。

然而，实际上，在我们内心深处，我们是知道这个决定是正确的。因为我们并没有准备好那样发展，直觉告诉我们这辆车不会把我们带到想去的地方。而对时尚界的热情和敏感指导着我们，让我们明白所要追随的道路。

不论你在任何领域中开启什么项目，都应该想象或是希望在成千上万个机会中，发生类似的情况。你要相信有很多机会可供选择，这怎么也比不得不接受在一个被规定好的道路上前行更好。尽管选择起来都很困难，但是也正是因为这些时刻，才让你知道你是谁，你想成为谁。

## 第二节
## 时尚行业的品牌战略

**创造饥渴感**

时尚界，尤其是奢侈品行业，我再清楚不过了。我从中学到了很多东西，特别是在说"不"这件事上。这个行业与其他行业完全不同，它是世界上唯一一个销售越少反而越酷的行业。在奢侈品行业中，为了使品牌价值保持高位就必须有所克制，使其成为特定人群的参考标准，远离普罗大众。

做奢侈品行业的公司，最终也与其他行业一样，需要货币化。他们也有其真正的入门级商品——化妆品。一些化妆品商自身不直接参与生产和销售产品，而是委托给第三方公司生产，并由第三方公司通过其他渠道销售。这些公司不把产品放在自己的化妆品品牌的旗舰店中销售，宣传也是采用另一种方式操作。通过这种经营模式，尽可能地将自己与该化妆品的宣传和销售脱离。公司在保持品牌纯度的同时，又能赚钱。然而，对于消费者来说，购买一瓶面霜、一支口红或是一瓶香水是进入奢侈品世界的一种方式，因为此类消费远远要比在服装以及配饰上的消费低得多。此外，消费者购买奢侈品服装以及配饰的原因从来都不是因为舒适、实用，或是因为效率，而是因为它们是购买者进入他们想要归属的那个世界的通行证，是身份的象征。为了使这意愿可行，就必须为有限数量的人，保留对此世界的访问权。这就是为什么奢侈品品牌不能以最实惠的价格，提供不限数量的入门级产品，比如手机壳的原因。如果所有人都可以拥有这样的手机外壳，就会减少消费者的饥渴感，最终也减少了对同一品牌中相对奢侈的产品的吸引力。

Chiara Ferragni Collection系列也进入了这一动态中，在一开始我们就与它做斗争。在销售出了许许多多的"眨眼"闪光芭蕾舞鞋（这是我们第一个系列中最具标志性和可识别性的产品）后，我们就眼睁睁地看着人们对这鞋子的兴趣在不断下降。原因就是这鞋被卖得太多，而不再有特色了：拥有它们，不再具有任何一丝的独特性。我们以损失经济利益的代价，学会了奢侈品市场的经典机制（不仅限于该行业！）：为了保持饥渴感，就必须知道回绝。

时尚品牌实施该战略，想为产品创造出饥渴感的方法有很多：从以其所要达成的目标为基础精心选定价格，到使产品不是所有想要之人都可以获得。

显然，即使饥渴感这一概念是销售任何产品或服务的基石，但这动态并不是适用于所有的行业。这也是为什么在开始进入一个认识不足或是从未涉猎的市场之前，好好研究其市场机制及逻辑是十分必要的原因。如今这些市场机制及逻辑比以往任何时候都变化得更快，而且常常还具有违反直觉的特征。继续做之前一直都在做的事，继续用之前的做事方式做事，或只是通过一个浪漫的想法，或几代遗留下来的老观念，而非将所有这些都与具体分析实际情况相结合的情况下投身创业，那么残酷的现实可能会将你的热情和你的投资快速燃烧殆尽。

**至尊碾压**

现如今，比其他品牌都更好地创造出了购买欲望的街头服饰品牌Supreme，成为大家追捧的对象。Supreme一开始只是一家滑板店，近年来，通过在照片墙上像毛细血管般的营销策略而被大家所熟知。Supreme品牌如此之潮，人们几乎很难买到它的产品。因为该品牌只生产少量产品，而且这些产品也只限在网上和其11家官方商店里销售。与其他普通服装品牌有所不同，Supreme没有季节性，它每隔15天推出一次胶囊系列，而这些产品经常在推出后的几分钟内就会售罄。作为一个街头潮牌来说，Supreme的定价并不高，但是它通过饥饿营销（Hunger Marketing）的方法，调控着供求关系机制，所以就有人愿意以原价10倍或20倍的价格去购买它的产品。如果可以使自己的产品被大家所追捧，那么它的价格就不存在上限。

Supreme如今已成为市场上最值得研究的案例之一，这正是因为它成功地创造出令人难以置信的顾客号召力围绕自己的品牌周围。鉴于此，我们也理解了为什么像Louis

Vuitton（路易威登）这样的奢侈品牌公司愿意与Supreme合作。以路易威登的历史和名望来说，选择让其品牌与街头服饰品牌相结合，以增加自己的潮酷风格，还是很难让人相信。两家公司的强强联手，也被认为是最近几年最为成功的经营管理之一。当然，这是对路易威登来说，而不是Supreme，因为它本身在营销方面就已经获得了成功。Supreme这个品牌能够让路易威登这种老品牌重新燃起渴望感，从而吸引更为年轻的消费者，获取世界新贵们的青睐，纷纷前来购买一个在几年前还是象征着经典优雅的品牌。事实上，对路易威登这种百年企业来说，有勇气做出这样的决定，还是很值得称赞的。

品牌被市场认定为是潮牌，对一家公司来说十分重要，特别是对时尚公司，尤其是做奢侈品的公司最重要。因为消费者支付的并不是物品本身的价值，而是品牌！为此，这品牌必须与众不同。不过，这个机制不仅仅适用于服装或配饰行业，也适用于其他领域。无论是你想要开一家酒吧、酒店，还是做服务行业，这都不重要，重要的是当你决定要开始时，记住这些动态规则，因为最终一定会用到它。当然，如果你是要发明之前不存在的东西，或是大家都有需求的东西，那就不需要激发大家对它的购买欲望了，因为它天生就具备这一特性。然而，鉴于从事此类事业的困难度逐渐升级，而在现实生活中，一般的发明都是对已有事物进行改良或重新解释一番，所以还是很有可能要采用该策略。

如果你决定走这条道路，那么就必须要有极大的耐心，不要期望在短时间内就能得到回报。因为购买欲望并不是一夜间就能激发出的。这就意味着要能够在人们的思想中"种草"，让他们有千万个理由来拔"草"：或许是因为他们曾经看到哪个网红穿过；或许是因为他们知道有很难可以进入的独家活动；或许是因为他们曾经因为限量或者价格太高而无法拥有它，因为只有少数人才能获得；或许是因为该品牌能够与另一个潮牌建立合作关系，所以在消费者头脑中，这两个品牌是相关联的。

想要完全做到这一点，需要很长的时间……除非，在产品推出前就拥有一些十分重要的资源。但是即便如此，这也将永远是一场赌局。因为商场如我们的生活一样，从来没有任何能够确定的事。

## 第三节
## 打造独特性并肯定变化

**品牌声誉**

让自己的品牌成为渴求度和独特性的代名词的这种想法,正向其他众多领域渗透。从汽车行业到技术领域,就连社交网络,如SmallWorld(小世界)——一个专注于旅游和生活方式的社交网络,也选择了这条路。我之所以这么说是因为其独特的入会系统,新成员必须通过会员邀请,再经一定用户的赞同方可入会。实际上,在初步取得成功后,小世界的业绩就开始下滑得厉害,特别是在2013年采用付年费可入会制度之后。付费制使得社区的成员资格变得没有那么特别了,因为只需要付费就可以成为其中的一员。

这个机制，在我们启动Foorban时，也一直在我们的考虑范围内。我们在第一时间就了解到，必须将我们的食品配送服务定位在高收入人群上。因为我们的分析结果清楚地表明了我们永远都不可能将我们的菜肴以低于一定的价格卖出，但是为了能够发展，我们必须培养一群能够并愿意每月消费至少15次的忠诚客户。我们也知道，要实现这一目标，口碑是不可缺少的宣传策略。通过让专业人士品尝我们的食品（因为他们本身就是我们品质的最佳见证人），我们做到了这一点。正如我所说，通过口口相传以及推荐等方式创造出渴求度，这需要更长的时间，但是结果却是我们所期望的。

就连The Blonde Salad博客上所展示的产品也证实了该逻辑，因为大部分的服饰和配饰都是走小型的胶囊系列路线。例如，我们有时会推出由TBS Crew与The Blonde Salad创意人员共同合作而诞生的Superga品牌运动鞋，它们也都是限量版发售的。Superga推出时，我们通过网站专栏以及在各个社交媒体发帖进行宣传。Yamamay品牌推出的连体内衣也是如此：3种款式专属在The Blonde Salad上销售，而另外3种型号则在该品牌店里销售。只有在网站上才能找独家产品的这个决策，就是为了创造其产品的独特性以及消费者对它的饥渴感。

**零售的启示**

这种销售机制已经十分普及了，我相信它会被运用得更广泛，这是对电子商务普及所产生的零售业危机的一个回应，同时也是对近年来时尚界发生的巨大变化的一个回应。实体店不再是唯一的销售渠道，现如今有无数的互联网网站（从其公司自身的网站到大型的在线时尚商店）销售相同的产品。

具有巨大价值的品牌公司，如之前提到的路易威登、香奈儿、古驰和普拉达等，这里仅举几个例子。它们都可以利用这一优势，确保它们的销售点成为真正的"大使馆"。即，当客户进到香奈儿的门店，就可以立马感受到自己置身于香奈儿这个国度。从这个角度看，商店变成了营销武器：在那里立即进行购买或是回到家中在线购买，已经变得无关紧要。这也就是为什么在不久的将来，这些大型奢侈品公司很可能会对其商店进行"合理化"，即关闭不少门店只保留所谓的旗舰店，那儿的作用就是让客人体验，发现新品，从而爱上这个品牌建立的国度。从分销的角度来看，线上和线下全方位整合是时尚界的未来，这是一个无可辩驳的事实。大众品牌市场情况则有所不同，因为购买Zara这样的低成本产品更多是属于冲动购买，所以越多的商店开在客户周围，在城市的街道上，以便更多的人进行购买。

另一方面，作为消费者，我们都十分清楚电子商务是如何在短短几年时间内彻底地改变了我们的消费习惯的。现如今从书籍到化妆品，从电子产品到食品，无论你想购买什么，就算是在实体店可以完成的购买，人们通常也会先在网上研究对比各家的价格、产品特征以及评论等，反之亦然。或许首先你会去商店触摸一下产品，之后上网去找最优惠的报价。为此，无论谁想要出售任何东西时，都必须能够打开思维，思考如何在销售点与电子商务网之间整合价格优惠与客户体验，我们必须时刻将这些因素都考虑在内。

说回到奢侈品时尚品牌，我们先抛开旗舰店这个话题不谈，我可以想象在未来，全世界内只有少数品牌商店被保留了下来，但是它们的风格将十分容易被识别。就像The Blonde Salad网上商店正在运营的胶囊系列一般，在胶囊系列里只销售它们合作品牌特地为该系列制作的产品。否则，在此类商店购物又有什么意义呢？我指的是，如果你能在官网上购买到相同的产品，加上官网的选择更多，在某些情况下，价格有可能还更低些。

## T台结束后，等待着我们的又是什么呢

这个主题与时尚行业体系中另一个大转变密切相关，一切从沟通方式开始。之前所有都是规划好了的：通常9月份就会安排一场时装秀，只有记者和买手参加。他们看到该系列后就会下订单。时装秀上展示的仅在次年1月份生产完毕并运送到商店。与此同时，记者也会开始撰写文章，采访该系列的设计师，准备专栏。而这些都会在12月至次年1月被刊登发表，以激发潜在购买者的好奇心。到那时，商店里已经有了几个月前时装秀上展示的服装商品，之后消费者就可

以开始购买了。

然而现在这个流程已经被跳过了。在时装秀上，除了记者还有一些时尚博主和名人，他们拍摄模特的服装并立即在社交媒体上发布，而潜在购买者可以实时看到这些服装。只是这时这些服装尚未投入生产，也还无法投入生产。因为，特别是在高级时装界，服装的制作时间是相当长的。另一方面，为了避免浪费，品牌也需要等待买手的反馈才能开始生产。然而，如今从走T台时装秀的那一刻与公众获取消息的那一刻的时间间隔已经消失了。因为博主们的分享，消费者提前看到了走秀服装，并且他们再也不想等待3个月才能购买。

各大公司以不同的方式对此做出回应：有些公司尝试采用"see now, buy now"（即看即买）策略，即在时装秀后几小时就可以在网站上或是品牌专卖店里购买一部分的服装和配饰；有些公司将供货时间缩短到了两个月；有些公司为了让客户可以立即购买，他们愿意承担有可能存在的风险，在走秀时就已经完成了生产。无论哪种情况，这些做法都对买手不利：邀请他们到走秀现场，但是在同一天就开始销售走秀服装，这意味着他们将被踢出局。

显然，面临同样窘境的还有快时尚行业。该行业公司的生产链一般为两周。因此，他们在时装秀上看到一个款式后，能够快速模仿复制它，并在短时间内将它呈现在商店内出售。如此之快的速度，原本应该没有人可以竞争得过。当然，两者生产出的商品的质量并不在同一水平上，但是今日的买家往往更加重视服装的风格，服装潮不潮，而非材料是否珍贵或生产是否用心。

行业的变化速度之快、程度之深，在短短几年内就破坏了已经建立的稳固的体系，其中许多人的利益都受到了威胁。与我们所处的这个动荡时代中所发生的其他事情一样，人们很难预测下一秒会发生什么以及持续的时间有多长。我冒昧地假想一番：在将来，时装秀将不再集中于一个时期，而是任意一个品牌想什么时候举行就可以什么时候举行，想在哪里举办就可以在哪里举办，因为它们变成了简单的沟通时刻。

**拥抱变化**

考虑到我们这个时代的特征——变化，让我有机会阐明另一个相当重要的概念。如果说"不"是基础，它们有助于定位自己，那么必要时说"是"则需要勇气，这意味着我们有可能要通过不断利用可用的工具来更新一切。

当我们创立The Blonde Salad博客时，照片墙还不存在。到2010年，该应用程序推出市场，从那时起，这个社交网络的发展趋势不可阻挡。到了2017年底，照片墙在全球每月的活跃用户超过了8亿。除此之外，照片墙的诞生和发展使世界上许许多多的人都能捕获到当初我们在创建博客时就有的直觉：用户想要关注与时尚相关的另一种类型的内容，这些内容不一定出自专业人士，而是来源于普通真实的人。当这一切发生时，我们意识到不能再麻木地继续在网站上提供这些内容。我们决定将它们全部移到照片墙上，并投入专属资源，制作与The Blonde Salad博客上的完全不同的产品。用户在照片墙上发布的照片，实际上并不能完全如实地反映出其私人生活的样子。因为虽然有些是在自发的状态下产生的，但另外一些则是精细作业的结果，就如同给时尚杂志拍摄的照片一般。

## 要不断利用可用的工具来更新一切

以"是"的态度面对改变，会为我们打开一个全新的局面，一个在那一刻之前我们从未考量过的可能，即，创建一个在线杂志。显然，即使我们决定做些改变，但也能失去它的基因。所以，当The Blonde Salad变成一本杂志时，它还是与琪亚拉·法拉格尼的形象以及她的生活紧密相关。例如，如果琪亚拉穿着新款时装，那么杂志就会在"本周最美穿搭"主题点评她的所有装扮。该尝试虽然运用了可用的科技创新及工具，但与我们的历史和风格始终保持一致。

每一次策略的改变的背后，都有一个信心满满、大声高喊的"是"。即使大家都明白这是一个十分依靠敏锐嗅觉的赌注，但都愿意通过使用这些由于其本身的创新度而没有任何保障的渠道和工具参与进来。就算你想要使用更为传统的工具，那也必须考虑到，在运营中改变策略可能也就意味着需要使用一些我们预期不到的资源。

  比如，在Foorban推出之前的那个阶段，我们甚至不曾想过创建一个可用于订购的网站。当时的想法是预订将仅通过应用程序完成。在推出市场的3个月后，我们才意识到，作为我们目标客户的这群专业人士，他们有时是让他们的秘书订购午餐，而秘书们因为众多原因（有可能是个人原因，有可能只是为了方便起见）更偏好通过网站而非智能手机的方式进行下单。这样的话，我们就需要一笔巨大的、计划外的投资，用于开发一个订购网站。在这个网站上进行注册，并让它与应用程序的数据库同步……这绝不是一件容易的事，但是绝对有必要。

## 卢西亚诺·贝尔纳迪尼·德·佩斯
（Luciano Bernardini de Pace）

意大利《滚石》杂志出版商

一个在生活中拥有一切：爱情、金钱以及个人成功的62岁的男人，你认为他能够再重塑自我，重新开始吗？如果他能看到面前这列火车经过并且能够跳上去，那么答案是"是的"。这件事发生在货币化（货币经济向非货币化经济领域的扩展）后的第二天，我以600万欧元（现金，一次性付清）出售了经营了40年的事业！在那个确切的时刻，即2014年4月，以我口袋里装的那个数字，我本可以停止奋斗，开始我的退休生活，但是我看到了一列火车通过，火车上带有反主流文化以及20世纪70年代美国革命一代最强大最叛逆的标志——《滚石》，也就是在那个月该杂志在意大利就应该要停刊了。

那一天，我跳上了那列载着杂志，驶向意大利出版通信业墓地的火车，并在途中改变了它的方向。愿景？疯狂？智谋？勇气？假设推定？性格？同年的5月1日，在纽约，当我获得了滚石出版发行业的许可证时,所有这些情绪都集中交织在我心中。

在意大利,《滚石》是一个很古老的品牌,古老到甚至有点"过时"。在广告市场上,它以每页几欧元的价格出售……即使这样,我仍然坚信,《滚石》拥有其独特的品牌实力。在出版行业出现危机的时候,其他出版公司的商业思维和商业模式都是在捍卫过去,而我不这样认为,危机后跟随的不是结束,而是通信行业的进化发展,我相信自己有可能改变未来。

如果我口袋里没有那600万欧元,那么我也没有什么可失去的。金钱就是一种物质,成功是一种高潮体验……而在65岁时的成功的高潮更加美丽动人。相信才愿尝试。从古老的怀旧摇滚到流行文化,从音乐到现实生活,从对过去的狂热眷念到发现未来。我研究了那些改变我们生活的科技,我注意到了代沟急剧减少,我投资了社交媒体和网络传播渠道,我将过去的品牌转变成对的视角,我对其内容也进行了投资。我听了很多,但我按照我的逻辑行事。我寻找没有经验的年轻人,有些人被福祉所宠坏……而那些渴望成功和希望得以竞争之人大展拳脚，实现一番作为。目标始终只有一个：我要表达现实真相，将伦理行为与现实美学的诚实相结合。首先，尊重读者（我的新主人），之后尊重客户。钱来自客户，但是如果你能够赢得一位读者，而后他绝不会弃你而去，这样赚钱才是长远之道。我没有忘记过去，它留下的都是丰富的经验，我乘着现在建设未来。我认为这在许多领域都适用，而不仅仅是出版行业。或许我度过了几个不眠之夜，但是在早上，想要达到这一目标的愿望和决定使我肾上腺素激增。我从来没有放弃过，与此同时，在我的封面上刊登过总理潘内拉和我们所有意大利人生活的榜样Bebe Vio。不仅仅是摇滚音乐……还有流行文化。

# 第八章

# 现在你做到了吗

## 第一节
## 成功和不成功

**失败这所学校**

如果就连《星球大战8:最后的绝地武士》中的Yoda（尤达）大师都说:"失败是最好的老师。"那么我们必须得相信它。我知道这句话听起来像是场面话，用来安慰那些看不到自己所相信的梦想能够起飞的人。但是我坚信，失败是一份巨大的资源，而且只有经历过失败，才能到达成功。另一方面，如果一个项目最后没有发展好，这并不能定性为个人的失败，只是这个项目失败了而已。如果是这样，那么就需要善于判断什么时候该适当地放弃，避免在无法运作的项目里继续砸钱。这需要很强的敏锐性，感知什么时候该翻篇了。

以我个人亲身经历而言，就有4家公司在初创阶段的3年内就以失败告终了，但是还有3家公司进展得很顺利，而这3家成功的公司很快弥补了失败公司的亏损。从创造价值的角度来看，最终的收大于支，余额为正。这样的发展趋势非常正常，我20岁就开始创业了，当时我连初创公司是什么都不知道，我只是在做自己想做的事。从那些失败中，我确实吸取了很多很重要的教训，这些教训一直都刻在我的脑海里，时时刻刻指导着我在之后的商业活动中进行取舍抉择。

2013年，我和斯特凡诺创立了一个男式西服上衣口袋方巾品牌，取名为Ferrucci Milano。这个想法源于我和他都喜欢在优雅正式或运动休闲的西服上衣口袋里插入口袋巾，但当时，市场上还没有一个专属品牌提供这类商品。在市场上能够找到的那些十分单调且没有任何个性的口袋巾，要不就是没有品牌，要不就是由丝巾和领带的传统品牌生产的。所以，我们想要创造一个休闲别致、风格独特的口袋巾系列。Ferrucci Milano运用鲜艳的色彩以及新颖原创的图案让口袋巾赫然醒目，具有品牌识别力，给男性服装带来一丝的独创性。项目和品牌都经过了很好的设计策划，一切进展得很顺利。之后，我们就开始做公关，提高产品的知名度。实际上，Ferrucci Milano一开始也得到了客户的喜爱。然而，那个时候，我和斯特凡诺都忙于各自的其他事业。我忙于The Blonde Salad博客，而斯特凡诺则忙于他在一家跨国公司的工作。我们只是简单地请了一个实习生来负责日常的营运，并未真正投入必要的精力、热情和爱，让公司能够起飞。因为作为创始人的我们把精力放在了别处，因此，Ferrucci Milano向前发展了一两年后，就开始勉强维持经营了。我们后来又投入了一些资金，试图做一些什么让它有所起色，但是我们失去了太多的机会，最后我们决定停止该项目。

从这次失败的经历中我学习到：当启动一个项目时，必须百分百地集中你的注意力。因为当成立一家新的公司时，除了想法和金钱外，还需要一个准备好全身心地投入时间和精力的人。同样地，在Foorban的初创阶段，我同时作为TBS Crew和Chiara Ferragni Collection的首席执行官是十分忙碌的。其实那时我就认为，要是没有人愿意投入全部的精力，即使想法和资金都很到位，这个项目最终也会变得不尽如人意。不过，好在在这个项目上，我有合作伙伴，他们都心无旁骛、竭尽全力地去经营。

还有另一个"没成功"，但是我从中学到很多东西的项目就是Werelse——一个我与斯特凡诺（还是和他）在2011年一起推出的在线平台。它是用于展示琪亚拉·法拉格尼和其他两位国际博主与不同品牌合作设计的产品。那两位博主一位是来自StyleScrapbook博客的安迪·托雷斯（Andy Torres），另一位是来自Fashion Squad博客的卡罗莱纳·英格曼（Carolina Engman），当时她们的粉丝数与琪亚拉不相上下。实际上，Werelse就是一个平台，在这个平台上可以买到由这3位高人气的时尚博主设计的限量版胶囊系列产品。这个想法有点像如今的The Blonde Salad网上商店，通过它人们可以购买到定制的胶囊系列。但是，这个项目对当时市场的理解力和接受力来说，有点太过创新。因此，我们难以说服其他公司参与进来。当我们开始售卖时，这些系列产品也确实卖得不错，特别是Mango Touch品牌系列的配饰。但是总体来说，经营活动太过复杂，付出与收获不成正比，所以最后我们决定终止这一项目。

Werelse的经历教会我，时机就是一切。就算你有一项有趣的项目，它甚至富有革新性，但是如果市场还没有做好接受的准备，那么你将它推出也很可能会遭遇失败。耐心，是我们永远都不能忘记的美德！

## 什么是成功？什么又是不成功呢？

我认为，我们应该彻底地想清楚"成功"和"不成功"这两个术语意味着什么。因为我觉得在现代社会中，主流的观念通常具有某种误导性，它用"金钱就是唯一衡量标准"的虚假概念轰炸我们，让我们完全忘记了个人真正成功的标准。

由我来说这点，也许有点奇怪。因为到目前为止，我主要是在时尚业和奢侈品界工作，我当然不是一个真正的好撒玛利亚人[1]。但是，我在这领域里所做的一切也是基于我的某种商业愿景。也许我会赚取更多，也许我不会达到今天

---

[1] 基督教文化中一个著名的口头语，意为好心人，见义勇为者。

所站之处……这无法知晓。可以肯定的是，我联合创立The Blonde Salad和TBS Crew并不是为了荣华富贵，而只是遵从内心做我自己喜欢和热爱的事情。最终，对我来说，这才是唯一重要的事情。

当然，得益于我的一些商业项目的积极回馈，使我比起一般的同龄人要更早地获得了经济上的保障。我的事业让我在这个通常很难不去努力奋斗的年龄里（如果不指望家产），可以活得轻松自如。但是，我真诚地相信，我最大的财富不是所谓的房子、漂亮的车子或者出门旅行的资本（虽然我对此也是很感激），我最大的财富其实是我的经验和我创造的人脉。这些都是我一点一点经营出来的，也是我在过去7年中精心耕耘的成果……我相信，我也是这么希望，这些将来有一天能够用得着。

**打破壁垒……就算它用雪纺包裹**

还有另一种满足感，可以说它是来自你以某种方式从某种程度上去改变一个封闭的、少数特权阶级的，且看似不可撼动的行业的规则，比如时尚行业的规则。事实上，很显然，像琪亚拉·法拉格尼这样成功的影响者，多年来在时尚界，特别是奢侈品界的影响力是非常强的。

这一点，我在The Blonde Salad博客创建后的几个月内就意识到了。其实早在博客诞生之前，琪亚拉在社交网络上发布的照片就已经吸引了成千上万用户的关注。令人难以想象的是，即使是在像Flickr这样的图片分享网站上，在众多专业摄影师发布分享他们拍摄的照片中，琪亚拉的照片还能脱颖而出，引起其他人的兴趣。一个来自意大利的女孩用少量的技术手法，制作出的自拍照比一些花费相当多时间、精力和资源的国际专业人士在富有异国情调的地方所拍摄的照片还更让人喜欢，这点也着实让人惊讶。

发生这样情况的原因是无法细究的，我只能把它归因于所谓的"X因素"，即未知因素。因此，我也无法知晓，为什么有些人天生具有可以吸引别人的注意力的能力。当然，琪娅拉在很多方面具备优势：金色的头发、蓝色的眼睛、高挑姣好的身材，线条凹凸有致，这正是国际上很受欢迎的标准美。琪亚拉的美丽不像超级模特那样让人无法接近，她身上带有一种邻家女孩的魅力。或许是因为她是意大利女生,所以从某种意义上来说,好像就是"与生俱来"的时尚专家,不管怎样,她生得一副国际形象,而且在真人秀蹿红的这几年中,来自普通背景,过着普罗大众的路人生活,这其实是至关重要的一点。琪亚拉和其他时尚博主所引起的兴趣,综合在一起形成了所谓的"peer to peer"(对等网络)。也正是因为这样,如果他们穿了一件衣服或者戴着一个配饰,都不会被人理解为做广告,而是让人觉得只是一个朋友建议你购买某种产品而已。

2010年,我为博科尼大学毕业答辩准备的论文,研究的就是这个主题。在做前期调研的时候,我向一大群目标对象展示了两张图片,并将他们分组进行聚类分析。第一张是琪亚拉拿着一个香奈儿包的图片,第二张是任意一个模特拿着相同的包包出现在《Vogue》杂志上。之后,我向组里的成员们询问了各种问题,以了解他们是否有购买的可能,是否有购买的欲望,对该品牌的信任度,对产品实用性的看法等。看看这些答案是否会根据他们看的图片的不同而有所差异。不用说,他们看到琪亚拉拿着包包的那张照片,就感觉这品牌更有亲和力，觉得与品牌更为贴近，而第二张照片给人带来的这种感觉弱了些，而且在产品实用性上的感受完全不同。年轻的女孩子，因为经济条件有限，她们如果知道平时非常休闲的服饰，甚至是那些低价连锁品牌，都可以搭配那款包包，就像琪亚拉那样，那么她们表示愿意省吃俭用购买一个名牌包。

这正是时尚博主带动的伟大的创新之一：让你开始认为不需要从头到脚穿名牌服装，你可以很自如地穿着破洞牛仔裤或是脚踩一双帆布鞋来搭配一个名牌包。由于时尚博主以及一些"弄潮儿"所产生的影响，这种混合搭配变成了一种潮流趋势。这种现象对奢侈品品牌来说十分有利，因为使它们更接近了新的消费者群体。即使是那些没有财力购买一柜子名牌的年轻人，他们可以通过节省去购买一件名牌。年轻人们认为这是一种标志，他们不再感觉这些离他们或者他们的世界那么遥远。这也就是为什么奢侈品牌借着这一趋势而动的原因。能够身处在这样一个环境中并且为此做出一些贡献是多么荣幸的事。

我们在时尚领域所创建的那些东西，在一开始它是一种趋势，之后变成了普遍现象，而我们当时就是在这个风口上，这应该是每个企业家都希望能够做到的。平衡好本能与经验，尽力抢占先机，获取发展优势。

# 第二节
# 初创公司正在改变世界

**成本和质量的选择**

说到低成本的连锁店，人们已经清楚了解那些做快速时尚的企业消耗的人力成本、社会成本和环境成本等。这些企业以快速推陈出新的方式生产及销售廉价的时尚服饰，并为了能够维持他们的生产节奏，而将工厂转移到劳动力成本低的一些国家。在多数情况下，劳动工人的安全无法得到保障。这些企业对于原材料购买规范的遵守，以及产品的生产、运输和处理等环节对减少环境污染这方面的考虑都是相当的随机。逐渐地，有消费者表现出对这些问题的敏感度，在了解情况的基础上，他们有了自己的态度，并因此更加关注衣服所用的材料以及材料的来源。但是实际上，这个话题只有在少数上层社会文化中才会关注到，所以并不显著。虽然我们今天所拥有的媒体的普及度和速度都使得这些趋势的转化以及新时尚的传播变得更加迅速，但是这些表现在服装方面显得十分肤浅。换句话说，如今的大众服装都体现在外表上，而非本身的实质内容：只要这件衣服可爱、时尚、穿起来漂亮，它的质量好不好或者可以穿多久这些方面都不那么重要了。说到底，如今的孩子们都是伴着阅后即焚的聊天软件Snapchat（色布拉）或是照片墙长大的。所以对他们来说，他们可以接受一件衣服的使用时间可以与在线发布的几秒视频的时长一致。

  不可否认的是，在快速时尚的传播中，至少有一个积极的含义。即，使风格民主化。如此一来，特别是年轻人，他们可以拥有各种各样的服饰。事实上，奢侈品牌的成本对大多数消费者来说是难以持续承受的。这些成本一方面可以解释为款式的原创性、材料的质量以及严谨的生产方式，另一方面也是由其市场营销方式决定的。它反映出其精确定价的策略，而并非仅仅是根据生产成本所得的。

我认为，在未来，一些时尚界的领军人物会对这些问题更加敏感。因为这些会对他们的职业前景产生影响，而他们的举措也会影响到大众的选择，这是一个循环的发展过程，至少目前是这样的。我是一个乐观主义者。对我而言，社会是在不断的发展中，而不是裹足不前。在此情况下，我看到了时尚界内发展的趋势是不断地透明化。为此，很多新的公司处在高端时尚与快速时尚这两个极端之间，他们打造的产品不仅质量高，而且价格还很合理。

有一家十分有趣的初创公司名为Lanieri，其创建人为西蒙尼·马吉（Simone Maggi）和里卡多·斯基亚沃托（Riccardo Schiavotto）。这又是一个传统与创新的组合，他们追求的就是意大利制造与工匠精神的融合。Lanieri这个商业项目就是为了满足男性的市场需求，让他们能够拥有量身定制的优质服饰，比起同类产品质量更好，价格更亲民。Lanieri将意大利优秀的裁缝和极富创新的全渠道销售方式相结合，无论是在线上还是在实体工作室都可以进行购物体验。这个项目很棒，它在整个欧洲都取得了巨大的成功，并且很快就会扩展到美国。创建人与旗下能动性强的年轻团队一起，让睿达（Reda）这样一家经营高端卓越面料的传统公司，相信他们并为他们投资。消费者第一次到工作室进行量身时，公司就会为他们创建一张虚拟卡，一切就此开始：您可以在商店或者网站订购，在每一个细节上自定义，并且能够马上看到成品的呈现，而订购的产品也可以送货上门或去商店自取。Lanieri生产的衣服都非常好看，我经常穿他们的品牌，而且每次都会得到朋友的赞美。Lanieri的产品不但高质量，而且价格十分具有竞争力。不管你身在何处，都可以购买到量身定制的产品。

**遵守承诺的世界，是个不同的世界**

Lanieri的商业运行方式只是数字革命已经开始且正在改变消费习惯的众多例子中的一个。事实上，这一点我们每一天都在体会。经济模式的特征，在越来越多的多元化行业中体现得越来越清晰。这就是所谓的共享经济，它将重点从销售产品转移到提供服务上（从提供者角度）；将私人占有物品到使用公共物品（从使用者角度）。这是一次真正的具有划时代意义的变革，它正在彻底地改变我们的生活方式，引进新的生活方式。这种革新有利于储蓄，有利于社会化，在某些情况下，还起到了保护环境的作用。

我想引用即行（Car2go）汽车共享模式作为一个例子。即行Car2go完全改变了移动的概念，它甚至超过了其他的公司，比如优步。从规模上来说，优步在很多方面是具有革命性的。优步目前在意大利只提供Uberblack、UberLux以及UberVan这三种服务，即通过应用程序租用轿车或者带有专业司机的厢型车，但在其他国家还提供了UberX服务，此项服务可以让私人参与承运。简单来说，就是让客户与司机直接联系，在那些已经打开UberX服务的国家，优步使承运的提供和需求，变得规范和简便。让那些没有汽车的人，能更便捷地在城市里穿梭。如此，私人也可凭此有些盈利（在允许的情况下），专业司机能减少传统的上个客户与下个客户之间的等待时间。

与优步不同的是，即行Car2go在交通领域引入了一个真正的、前所未有的元素，因为它使人们不再认为出行就必须要拥有一个交通工具。人们可以使用应用程序，在城市地图上找到离你最近的可用汽车，找到它后，可以开启租赁，等你顺利到达目的地，就完成了租赁。事实上，这是一个十分创新且具有颠覆性的概念，与此相关的初创公司浪潮般地涌现证明了这一点，它们都纷纷推出类似的汽车共享服务，比如DriveNow以及Enjoy。但是，也有很多公司，怀有同样的想法出发，过程和结果却不尽如人意。

  Fair公司就是这样的情况。它目前只在美国有业务，并已经取得了巨大的成功。客户每月付一次月租费，就会有一辆车供你使用，而你也可以随时终止这项服务。如果你想使用一台更好的汽车，比如说，配置更丰富或动力更强，那么你可以通过应用程序进行服务升级。公司负责收回你不再需要的车，并提供替代它的另一辆车……所有这些服务都比自己拥有一辆车或是短期租车更经济实惠。Fair公司的运营有点像Netflix（网飞），根据你所选定的等级，预订费用也会有所不同。在这种情况下，等级数与你所需的汽车类型有关，均可根据需求进行升级或降级。

  没有即行Car2go的经验这一切都不可能发生，Car2go

不仅创造了更好的移动方式,而且让每个人都有可能在没有购车的情况下,做自己交通的主人。这意味着数字化汽车的所有权,或者说它让拥有车变得毫无意义。它彻底改变了经济的范式,让获得一项服务变得比拥有一个物品更为重要。

我相信,终有一天,汽车制造商们会只将汽车出售给这些公司,而非私人。当然,这并不意味着没有人会拥有车,因为汽车爱好者将永远都想拥有。只是他们会像是收藏家,倾向于拥有老式车。因为对于爱好者来说,这些老式车更为美观也更加有趣。当然,从技术角度上看,它们绝对不会比新车更加完美(我也将成为他们其中一员!)。

这个也只是众多共享经济倾向的体现之一,此倾向不断地扩展到汽车以外的其他商品。比如,已经有人在提供(特别是给女性客户群)一些昂贵的服饰和配饰的租赁服务。我说的这个服务,一家名为Rent the Runway的美国公司正在经营。该公司提供各种不同租赁方式,并取得了巨大的成功。例如,如果选择一个月89美元的服务,那么就可选择4件物品,使用期为30天。 整个过程非常简单:在互联网上选好衣服后进行预订，之后带着清香的衣服就会送到你家门口。当到了租赁期限，再把物品寄回，且无须支付额外费用。除了十分方便以外，它还让消费者以更加负责的方式消费，即可有效控制消费者购买一些只用几次就统统被塞到箱底的商品。

类似的服务几年前在意大利就已经出现了。由奥林匹娅·皮塔克（Olimpia Pitacco）与加布里埃拉·帕西尼（Gabriela Pacini）共同创立的公司，名为Front Row Tribe。通过互联网，消费者可在其网站上（也可在米兰的销售点）租用一些高端优雅的名牌服饰。该公司还提供送货服务、清洗服务，如果客户有需求，也可以提供剪裁修改服务。租期为期4天，这种服务非常适合那些要参加一些重要活动，需要穿着正式服装出席的人士。在前几年，这样的商业模式应该是不可想象的，甚至可能是不合时宜的！而现在却相反，消费主义文化已经让我们从习惯于为一次特别的场合去购买（之后也不再有机会穿它），转变到花一些钱租一件漂亮的高级时装，而不是花费相同的钱去购买一件不太好看、不太用心制作以及不太原创，也许是出自低成本连锁店的服装。

在男士服饰领域里，经营方法有所不同。男士可以多投资一些钱购买一件做工好的衣服，因为在很多场合他们都会用到。然而对于女性来说，很多服装只是在一些特殊的场合为了起到惊艳的效果而穿，她们并不需要真正拥有它们。同样地，这样的概念不适用于收藏家。但是这只是一个利基市场[①]，我相信，对于大众市场而言，文化范式正在发生变化。

世界正在发生变化，而这种变化只有在市场变化的带动下才能被捕捉到。因为新的技术有无限的应用，即使在社会领域也是如此。在纽约时，我在机缘巧合下使用了一款十分好用的应用程序，名为deed。其口号是"Do something good today（今天做点好事）"，他们的目标是让志愿者以更方便、有趣以及更加社交的方式做公益。这款程序可以让用户了解到在某个时刻某个地点开展的一些活动，每个用户都可以加入并成为其中一员去帮助需要的人。

---

① 在较大的细分市场中，具有相似兴趣或需求的一小群顾客所占有的市场空间。

## 第三节
## 在哈佛商学院的经历

**登上讲台**

在这样一个正在深入转型的时刻进入市场，让我有机会创立几个较为成功的企业。我相信那些生活在变革时期的人比那些生活在静态环境中工作的人要更有优势，因为在这些时刻，你才可以真正创新并成就一些美好事物。事实上，我近年来所经营的一些业务进展得很顺利，这让人很有满足感。但如果我认为我已经做到了，那么我就不会成为一名真正的企业家，更不要说进行一系列的创业了。 我的目标是：在我的生命中，能够不断追逐美好、有趣的项目，而这些项目也将教会我一些新的东西。

通常当一个人说"我做到了"的时候,他就会停滞不前,我真心地希望那一天对我来说永远不会到来。如果只考虑一个目标——经济目标,那么这个驱动力很快就会耗尽。然而正如我所说,做生意不应该只是为了积累财富,更应该为了兴趣热情,且这两者的顺序应该是反过来的:只有热情、远见和梦想,才能让你拥有追求某些事物的能量,然后把它变成成功的企业……最后也会带来财富。但当这个顺序相反时,事情就变得不那么简单了。因为在某些时刻,或许你连续十几个晚上都在工作,或许是为了给博客编辑照片(就像发生在我身上一样)在不断选景。这些事是不会让你看到一分钱,但这是正常的。因为在那个阶段还未产生盈利,有的只是疲劳和沮丧,也许你就会因此开始考虑下一个项目。

当然,在这个过程中也会有大大小小令人激动的时刻。拿我自己来说,因为我所从事的行业——时尚业的特殊性,我可以频繁地外出,看到更多的风景,也更容易触碰到梦想星辰,我必须得承认这些使生活变得更有趣。记得有一次,我当时的论文导师伊曼纽拉·普兰德利(Emanuela Prandelli),因为我没有去找她审查数据,她打电话给我,我回答说:"教授,迪奥(Dior)派了一辆豪华轿车来接我,让我如何拒绝啊?我下周就来!"

但是那些时刻从来都不是我所做之事的实质,更不可能是我所做之事的原因。在那段时间,除了这些意外的惊喜,剩下的都是没日没夜的工作。

正因如此,目前为止最让我有满足感的是在2014年,我收到了哈佛商学院发出的邀请,他们决定给他们的学生推荐The Blonde Salad作为个案研究。通过一系列的电话采访,在伦敦会面以及大量的电子邮件交流,我和琪亚拉在与哈佛教授一起回顾了博客历史的情况下,合作起草了一篇介绍稿,之后教授们将此作为案例介绍给他们的学生们。学生们分组研究,为我们的企业构想出不同的发展可能。实际上,当时我们的时尚博客已经改版成一本生活时尚杂志了,我们也推出了新款的鞋子及配饰系列,所以商学院学生们的任务就是要提出我们企业业务将如何进一步发展的想法。在2015年2月,案例研究终于在课堂上做了讨论展示。

我在当时那个场合下十分兴奋,因为距离我上次毕业论文答辩还不到4年时间,由我和琪亚拉共同创立的这家企业，已成为世界上最负盛名的大学的研究材料。

当我们抵达马萨诸塞州波士顿都市区剑桥市时，我们感受到了难以置信的寒冷。一股非常强烈刺骨的冷风吹过，室外温度应该有零下15摄氏度，那儿的冬天就是这样。为了让我们适应环境，接待的学生们陪同我们参观校园，这让我感到十分荣幸。第二天我们遇到了签署我们这个案例的教授，并与他们共进了午餐。实际上，我一直都在紧张，几乎无法吃下任何东西。但是当我们进入教室时，这紧张的情绪消失了。在教室里迎接我们的是研究生，他们与我们年纪相仿。在介绍了各种作业后，大家展开了一场辩论，讨论很热烈，我和琪亚拉也都对不同项目给出了反馈。特别是其中一个小组提出了发展电子商务的建议，而这正是我们当时努力的方向。因此，我们与该团队一拍即合，而该团队最终也选择了The Blonde Salad作为他们毕业论文项目的主题。

2017年2月，我们再次被邀请到哈佛大学进行演讲。当然，我仍然是十分激动，但是跟第一次相比，这次我更放松了。

我缓步走上了讲台，与学生们分享The Blonde Salad当时经营的情况以及我们未来的发展策略。我同他们讨论了一些与市场营销理论相关的话题，例如，社交媒体的运用以及如何使企业人格化的战略。

趁此机会，我和琪亚拉与一群志同道合、对这些主题又有极高见地的人，分享了关于我们创业初期发展战略的反思。我和琪亚拉作为The Blonde Salad的共同创立人，对于企业将来的发展有着不同的观点。琪亚拉一直以非常个人、独立的方式去看问题，而我更愿意在时尚界里巩固我们共同的角色，这种理念上的差异在几个月后将我们的合作带向了终点。

要知道世界上最重要的商学院向它的学生推荐你的公司作为他们研究的主题，是因为在他们看来，你的公司代表了一种创新模式，而这模式在时尚传媒领域中产生了一定的影响，这是一种巨大的荣誉。但另一方面，巨大的成功来自于巨大的责任。如果我能够做到这样的成绩，那么，我就必须努力往前走而且要做得更好。这就是为什么现在对我而言不是一个终点，而是一个起点的原因。

## 皮埃尔·伊夫斯·韦克斯汀（Pierre Yves Wecxsteen）

香奈儿欧洲地区时尚总监

当提到品牌的形象时，
有一句很重要的话：
永不妥协！
你可以不断设定品牌形象，
但最重要的是：
你要知道品牌的底线，
一旦越线，就会失去它的灵魂。

# 第九章

## 从零到无穷

## 第一节
## 在成功或不成功后

随着时间的推移,终身企业家的时代已经慢慢结束。新一代人不可避免地要做好从事一个以上事业的准备,他们要清晰地知道如何分配好自己的精力和热情,好让每个项目都可以创建起来。要持有现实思维,不过分偏爱单一视角。这一点适用于每一个人:无论这个人的上一次创业经历是否以失败告终,或是荣获了成功。到了一定的时候,我们都需要离开它,走出初创阶段才能更好地成长。

我知道,因为各种原因而决定从自己成功的项目中脱离出来的心理状况与那些因为失败而关闭项目的心理状况是十分不同的。第二种情况会对大多数人产生严重的影响:他们通常很难去摆脱内疚感、挫折感。即使导致企业发展不好的原因并非总是自身的错误，但创业者们仍坚信是自己做错了什么。

另一方面，不可否认的是，在每个项目中都存在着一定的随机性。因为一个项目的存在，有可能以正面或负面的方式失败……然而，第一种情况，虽然运气能起到一些积极作用，但是一般来说，对其结果改变不大；而第二种情况，如果运气不好，甚至可以让其退出市场。当然，也有可能创业者所做的一切都是正确的，但是由于缺乏运气，最终还是逃脱不了失败的结局。而我相信，反之则不可能。即，我们不可能如此幸运，以至于在所做的一切都是错误的情况下，最终仍可以成功。幸运可以助你一臂之力，但是如果你不知道如何去运转，那么怎么都不可能保持成功的。通过监管所有其他变量，可以降低运气这个因素的比重。而这份监管能力一般来自经验，当你变得更加优秀时，可以更好地了解市场的需求，预测它的变化，管理好人力资源或是所有相关运行事宜，把握住某项业务的时机。为此，从错误中学习成长变得尤为重要。

将所有时间和精力都投入到项目中，但最终却眼睁睁看着它结束的人，无论如何，都无法避免要承受煎熬。幸运的是，我从未有过此类经历，因为我发起的那些最后发展得不理想的创业公司，并没有占用我百分百的资源。它们对比那些重点项目来说，只是一些边缘项目（正如我所知，它们最终会失败，一部分也是因为这个原因）。

无论如何，从我个人经验来说，离开一个共同创建并且发展得很好的公司是相当痛苦的经历。在2017年末，当我决定辞去TBS Crew的一切实务只保留顾问一职时，就亲身体会过这种痛苦的感受。我和我的合伙人不再分享我们对公司的愿景这个事实促成了我的决定。我宁愿后退一步，也不愿意看着我建立起的东西处在僵局中。因为对公司来说，没有什么比停滞不前更能带来危害了：公司是一个生命体，可以改变甚至是犯错；可以摔倒也可以再次爬起，但是绝不可以静止不动。

只是这种信念并不能遏制我感受到的某种忧郁情绪，就好像在生命阶段结束时那般的感受，尤其是我曾经还为它付出了很多。大部分人都会有这种感受，但是我相信，当你发现自己处于这种情况时，最重要的是不要陷入宿命论的错误思维中就好。这个话题无论是对我，还是对所有其他人都适用，而且并不单单适用于职场。当一份工作结束时，并不意味着一切都结束了，也不意味着生命的机遇就此终结。请你相信，它只是众多机遇之一而已。那些对事情充满热情以及渴望之人，总是能重新开始，在自己的历史中书写新的篇章，创造更好的生活。如果说一个工作项目对那些构思并建立它的人来说就像一个孩子的话，那么必须记住：没有什么能够阻止我们去拥有更多的孩子！

## 第二节
## 从零重新开始

众所周知,激情是可以撬动世界的杠杆。如果你们正在做热爱之事,那么就很可能不需要阅读这本书。因为你们知道如何将愿景付诸实践,愿意做出必要的牺牲,懂得激励你们的团队,为你们的业务做出正确的决策。我确信,没有任何收入和保障比你满意所做之事更为重要。所以,如果你们知道有一个项目可以让你从床上爬起并充满能量且毫不抱怨的话,那么用你们所有的力量和所有的决心去追逐它吧!

## 致 谢

写下最后一笔的前一天，我跟往常一样，仍在仔细斟酌前面的每一句话。其实我想说，为一个持续数月的书稿写致谢并非易事，因为要感谢的人、事、物实在太多。这本书是多年创业经验（且不仅仅是）的结果，所以我应该感谢在这一路上给予我帮助的每一个人，但这恐怕就得再写一本书了。唉，不可行。

由衷感谢那些曾经陪伴过我的，以及仍然陪伴着我经历奇妙旅程的团队们：感谢TBS Crew之前以及现在的团队、Chiara Ferragni Collection的团队、Depop团队、NGA Club团队以及Foorban梦之队！

如果必须选择，当然我首先要感谢DeA优秀团队：安娜琪亚拉（Annachiara）和安吉拉（Angela），她们从初始孕育阶段陪我走到如今；恩丽卡（Enrica），在最近的六个月中，我跟她在一起的时间比跟我妻子的还长；里卡尔多（Riccardo）和拉法埃拉（Raffaella）这几天正忙着帮我组织推广活动。真心感谢你们一直以来的信任，让我能够再次与一个杰出的团队携手实现美好的项目计划。

另外，还要特别感谢那些贡献者。不仅是因为他们做出的巨大的贡献，更是因为他们曾在我人生许多阶段，像我的导师一样，教导我、激励我、启发我，并令我不断前行。所以在此对他们表示感谢（按照认识先后顺序）洛伦佐、西蒙、马克斯、马泰奥、伊曼纽拉、卢西亚诺、皮埃尔·伊夫斯等。

感谢家人在仪式上也是不可少的，不过也是真的要感谢他们！因为没有妈妈的魄力和决心，以及爸爸与时俱进重塑自我的独立性和才能，我可能就得不到这些经验，所以感谢你们！

最后（放在最后不是因为不重要），我要感谢我的妻子。她一直以她满满的正能量，帮助我克服了人生中各种各样的困难；在我准备这本书的漫长的日子里，她仍用她巨大的耐心包容我。感谢她！

图书在版编目（CIP）数据

潮流变现 /（意）里卡尔多·波佐利著；赵丽华译 . — 北京：
北京时代华文书局，2020.1
ISBN 978-7-5699-3248-5

Ⅰ . ①潮… Ⅱ . ①里… ②赵… Ⅲ . ①企业管理 Ⅳ . ① F272

中国版本图书馆 CIP 数据核字（2019）第 254641 号

NON E'UN LAVORO PER VECCHI by Riccardo Pozzoli
World copyright © 2018 DeA Planeta Libri s.r.l, Novara
Simplified Chinese translation copyright © 2020
By Beijing Time-Chinese Publishing House Co., Ltd.
Published by arrangement with DeA Planeta Libri s.r.l. through Peony Literary Agency
All rights reserved.
北京市版权局著作权合同登记号字：01-2018-5817 号

## 潮 流 变 现
Chaoliu Bianxian

著　　者｜［意］里卡尔多·波佐利
译　　者｜赵丽华

出 版 人｜陈　涛
责任编辑｜周　磊　邹　红
责任校对｜张彦翔
装帧设计｜程　慧　迟　稳
责任印制｜訾　敬

出版发行｜北京时代华文书局 http://www.bjsdsj.com.cn
　　　　　北京市东城区安定门外大街 138 号皇城国际大厦 A 座 8 楼
　　　　　邮编：100011　电话：010 - 64267955　64267677

印　　刷｜三河市嘉科万达彩色印刷有限公司 0316-3156777
　　　　　（如发现印装质量问题，请与印刷厂联系调换）

开　　本｜880mm×1230mm　1/32　　印　张｜7　　字　数｜108 千字
版　　次｜2020 年 8 月第 1 版　　　　印　次｜2020 年 8 月第 1 次印刷
书　　号｜ISBN 978-7-5699-3248-5
定　　价｜45.00 元

版权所有，侵权必究